ThinkPad 之父

内藤在正

天生的工程师，让日本与全世界互联

内藤在正，1952 年出生于日本名古屋。他在儿时就能够和父亲一起用老式真空电子管组装收音机。高中毕业后，内藤在正拿到了日本顶尖大学之一庆应义塾大学（Keio University）仪表工程系的录取通知书。1974 年，大学毕业后的内藤在正顺利入职 IBM 位于藤泽市的新建研发中心。

当时的 IBM 日本公司正面临日语计算机化的难题。内藤在正自告奋勇，接下这个挑战。他拆解了控制器，观察逻辑电路以及控制核心，发现是印刷字体在控制器中的存储方式有问题。内藤在正调整了字体，实现了日本与全世界的互联，而通信终端技术也成为他的第一个专长。

IBM 院士，开启笔记本电脑时代

1989 年，哈佛商学院为了给 1991 年 9 月开学的学生提供新一代电脑而进行招标，IBM 拿下了竞标，并将任务交给了由内藤在正领导的大和实验室。当时市面上已有两款笔记本电脑，而内藤在正需要带领 IBM 入局。对于大和实验室而言，这是孤注一掷的机会，不成功便成仁。

1991 年 3 月，在经历一系列的失败后，内藤在正和他的团队成功打造了 IBM 首款电池驱动的笔记本电脑 L40 SX。1992 年，第一款 ThinkPad 产品 ThinkPad 700C 正式推出后大受欢迎，甚至风靡了白宫，时任美国总统乔治·布什（George H. W. Bush）专门致电当时的 IBM 首席执行官约翰·埃克斯，为妻子芭芭拉求购一台 ThinkPad。

2001 年，内藤在正成为 IBM 院士，这是 IBM 公司给予员工的最高荣誉，受奖人能获得自由空间，追求自己向往的研究方向。

ThinkPad 的灵魂，联想创新大军的新鲜血液

20 世纪 90 年代，就在内藤在正带领 ThinkPad 不断前行的时候，IBM 的经营重点却开始有所调整，软件、咨询服务加上大型主机似乎成了 IBM 的重中之重。

2004 年 12 月 8 日，IBM 对外宣布，将 PC 事业部卖给联想公司，其中包括 ThinkPad 业务和大和实验室。得知消息的时候，内藤在正还在北卡罗来纳的 PC 部门总部担任 CTO 一职。他第一时间返回日本，与大和实验室的员工共同渡过了这一重要时期。在他的努力下，大和实验室的 300 位全职员工中，仅有 15 人因为这次的收购而离开。

2005 年 5 月 1 日，收购顺利完成，内藤在正出任联想笔记本研发业务的副总裁。在内藤在正的带领下，联想的中国工程师与 ThinkPad 团队中的日本、美国的工程师碰撞出思想的火花，共同解决了大量难题。

内藤在正不仅是 ThinkPad 的灵魂，也是联想创新大军的领军人之一。他一手建立起一支卓越的团队，保证了 ThinkPad 的研发团队不断前行。

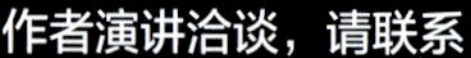

speech@cheerspublishing.com

更多相关资讯，请关注

湛庐文化微信订阅号

特别制作

ThinkPad ● 之道

无可替代的思考

[日] 内藤在正（Arimasa Naitoh）
[美] 威廉·霍尔斯坦（William J. Holstein）◎著
武上晖 ◎译

四川人民出版社

致中国读者的一封信

How the ThinkPad Changed the World and Is Shaping the Future

亲爱的中国读者，大家好！

今年是ThinkPad 25周年，在1992年10月份，我们为客户推出了ThinkPad 700C，这台仅A4大小，却功能丰富的笔记本，不仅大大提升了用户的工作效率，更永远地改变了整个PC行业。

在25年间，ThinkPad一直保持初心，以为客户提供值得骄傲的产品为愿景，不断的优化产品。

在此，衷心的感谢中国读者能够购买此书，了解ThinkPad背后不为人知的故事，共同探索ThinkPad的过去与未来！

更要感谢多年以来，一直支持我们的ThinkPad粉丝们，有的拥有大量的收藏，有不断给我们提出建议。你们的爱给了我信心；你们的建议，会让ThinkPad变得更好！

内藤在正

重磅赞誉

How the ThinkPad
Changed the World
and Is Shaping
the Future

刘军

联想集团执行副总裁兼中国区总裁

2005年初见传说中的“ThinkPad之父”内藤在正，略感惊讶：他比想象中年轻、谦逊且寡言。在重要时期我们曾直接搭档，多年的合作让我越来越感受到这位ThinkPad灵魂人物的内心执着、智慧与浪漫。我之所以向大家推荐《ThinkPad之道：无可替代的思考》，因为ThinkPad 25年来的坚持——厚度减到1/4，重量减到1/3，但小红点、品质和黑色经典不变；因为ThinkPad的创新精神——360度的Yoga、二合一的Tablet，体现了坚持中的与时俱进；因为ThinkPad的多元智慧——中美日三国科技工匠跨越种族、文化和国籍，打造共同的信仰。本书中字里行间流淌着的ThinkPad坚持独立思考的精神，于当今社会仍熠熠生辉。

吴晓波

知名财经作家

我一直认为，定义一个人是否年轻和具有活力的标准，从来不是年龄，而是工具。ThinkPad是我的第一台“生产力工具”，它改变了世界，也改变了我，过去20多年来我手上的每一个茧子，都和它有关。《ThinkPad之道：无可替代的思考》介绍了ThinkPad的过去、现在和未来，是一个关于生产力工具想象力、创新和坚持的故事，向你推荐。

李斌

蔚来创始人、董事长

ThinkPad为科技产品的研发与设计创立了一个新的范式：立足于用户体验进行创新+大道至简的设计美学。《ThinkPad之道：无可替代的思考》为我们破解了ThinkPad之所以成为一个25年经久不衰的传奇的基因密码，能够帮助我们更准确地展望科技与设计的未来趋势。

高鹏博士

今日美术馆馆长

ThinkPad之父内藤先生在《ThinkPad之道：无可替代的思考》中不仅给我们讲述了ThinkPad品牌背后的有趣故事，更提及了他对未来PC行业及技术革命的展望与预测。无疑，ThinkPad所代表的不仅仅是一个PC品牌、一台电脑，而是一个时代，甚至是PC行业中一种象征着专业的精神。

李翔

资深媒体人、得到App李翔知识内参出品人

《ThinkPad之道：无可替代的思考》是一部产品之书。它讲述了ThinkPad的研发者如何应对公司内部的巨大变化，包括如何应对PC业务被出售，如何克服全球化带来的文化差异，如何创造出适用于全球用户的产品。

胡玮炜

摩拜单车创始人兼总裁

“小红点”ThinkPad每一款产品的进化与革新，都是“勇气”的诠释。创造者必须超越自己现有系统，进化为新的系统。

张鹏

极客公园创始人、总裁

一个品牌能专注于一个品类25年，在25年间一直保持技术信仰、产品哲学甚至设计语言不变，并且在品牌和市场上还能释放源源不绝的力量和保持持续的成功，这就是ThinkPad带来的一个商业领域的“小概率事件”。ThinkPad的历史不是一个“别人的故事”，我们应该努力寻找如何在持续的环境变化中抓住不变，如何在年年不同的潮流中看到永恒的热点，以及如何把一个人对世界的“固执”看法变成“柔韧”的产品，然后去改变世界的进程。我相信，这可能会对你正在做的事业，提供一个新思维。

法满

Lens出品人

作为缔造ThinkPad的关键人物，内藤在正在《ThinkPad之道：无可替代的思考》里并非要炫耀他成功的经验，他还展示了自己的脆弱、困惑，以及公司的政治、中美日不同的文化，等等。相对于硅谷式的英雄，他更推崇团队和自下而上的创新；相对于革命性的变化，他更信赖持续不断地改善。他是一个典型的工程师，对自己的优点和局限都做了条分缕析。

李响

知名主持人

你想过要改变世界吗？如果有在想，我劝你算了吧，因为你再怎么绞尽脑汁也改变不了世界。我劝你回到实实在在的生活中，认认真真地做好每一件小事，用你自认为最努力的态度对待，搞不好，世界会被你变一个模样。就像我们最爱的那个小红点，让人爱上它，让人爱上ThinkPad。谢谢内藤在正先生！

陈劲

教育部长江学者特聘教授、清华大学技术创新研究中心主任

《ThinkPad之道：无可替代的思考》阐明了在个人计算机发展过程中基于设计的创新的重要性。针对更为用户友好的创新需求以及源于日本美学文化的技术设计，ThinkPad多次迭代成为个人电脑产品升级的典范。这一“思行合一”的创新设计，也为未来的移动计算奠

定了强大的发展动力。本书也展示了中国著名IT联想集团在并购ThinkPad等系列产品后，进一步和美国、日本开发团队持续创新的成功探索，体现了中国企业创新国际化的必要性。

青山周平

B.L.U.E.建筑设计事务所创始合伙人，主持建筑师
北方工业大学建筑与艺术学院讲师

《ThinkPad之道：无可替代的思考》描写了ThinkPad的发展史，同时，透过发展史，我们可以看到时代的变化，人与技术关系的变化，以及开发团队的匠人精神、设计和创新的重要性、独立思维的价值等。我们在思考25年之后的世界时，了解过去25年来ThinkPad的故事会给我们很多启发。

推荐序一

How the ThinkPad
Changed the World
and Is Shaping
the Future

ThinkPad，用经典成就未来

杨元庆

联想集团董事长兼CEO

在 PC 行业，ThinkPad 就是一座丰碑，对未来趋势的每次重大技术创新，都带领着整个产业前行，在一定程度上，ThinkPad 就是产业标准。自诞生后的 25 年历程中，ThinkPad 基本上见证和引领了 PC 产业每一次重大的技术变革。从 PC 的微型化到移动计算的实现，从彩色屏幕到应用互联网的崛起，从包括蓝牙在内的无线通信标准的建立到触摸屏的使用——每一次 ThinkPad 对技术趋势的把握，都让用户感受到了科技带来的便捷和效率，这也造就了 ThinkPad 在笔记本领域毋庸置疑的领导力。

2005 年，在完成了对 IBM PC 业务的并购后，我曾邀请内藤先生率大和实验室设计团队来北京，与中国的研发人员开展了三天的技术交流，当时内藤先生出任联想笔记本研发业务的副总裁。这是一次融冰之旅，我设宴款待了内藤先生和大和实验室的同仁。那次午宴持续了两个多小时，多年以后内藤先生和我已经记不得宴会上的细节了，但我们的友谊却随着杯中酒有了更深的注解。

这次并购对于内藤先生和ThinkPad团队而言，他们一生所追逐的梦想和ThinkPad品牌能够得以保全并继续发扬光大；对联想而言，我们获得了世界笔记本发展历史中的一个传奇，这是联想皇冠上的一颗明珠。对于这次融合，正如内藤先生在书中所言，“我们跨过了大河”。

是的，我们携手跨过了大河，一起延续了一个传奇，一个改变世界的品牌。

从此，ThinkPad从一个小众品牌，成长为一个家喻户晓的全球知名品牌，让全球更多用户享受到了科技带来的效率和乐趣。在ThinkPad融入联想之前，全球累计销量2 500万台，而在并入联想的研发和管理体系后，其创新精神不仅得以发扬光大，品质得以传承，销量更是3倍增长，全球累计销量超过了1亿台。

ThinkPad和Yoga融合，诞生了ThinkPad Yoga家族，这是大和实验室和联想中国实验室合作的结晶，而ThinkPad X1 Carbon，更是ThinkPad在联想全球研发体系下诞生的广受赞誉的王者之作。ThinkPad也由此开始了历史上最大规模的转型，在维持自身创新步伐的同时，也让创新技术惠及更广泛的普通消费者。

之所以如此，正是源于内藤在正领导下的大和实验室和整个 ThinkPad 团队对品质的不妥协，以及一直以来对匠心的坚持。业界对 ThinkPad 的研发有许多传说，小红点、“安全气囊”和防滚架等，通过这本《ThinkPad 之道：无可替代的思考》，更多的用户可以窥探到内藤在正和大和实验室是如何以严谨的态度实现对品质提升的传奇经历。当然最神秘的是 ThinkPad 的“酷刑室”，通过各种跌落、泼溅、震动等几千项“虐待”实验，ThinkPad 实现了在任何场景中使用都能保证稳定运行。

ThinkPad 的创新仍将持续，而且将更为迅猛，这得益于联想在全球的创新三角研发中心——中国北京、美国罗利和日本横滨，至少目前，没有哪家消费电子领域的企业可以融合中美日三国不同文化形成的创新元素，形成全球资源整合的智慧。当然，这更得益于内藤先生主导 ThinkPad 和联想笔记本研发业务所形成的创新文化传承，我们依靠的是一支来自不同文化的创新团队。

对于 ThinkPad 的几千万用户而言，ThinkPad 就是生产力工具，是可以伴随着用户到达任何地方的亲密伙伴。ThinkPad 以它领先的技术优势和极致的工艺水平，造就了极度可靠的经典品质。

正是源于这种传奇品质，ThinkPad 到达过人类几乎可以到达的顶点。从珠穆朗玛峰到海洋深处；从科学家依靠它研究雨林生态到带着它穿越尼罗河全线探险；从国际空间站到“神舟 11 号”飞船；更让人难以忘怀的，是那款从信封里取出来的全球最薄、最轻、最优雅的ThinkPad X300，美国《商业周刊》曾以封面文章来报道这款“完美笔记本”。

正如内藤先生在回顾了ThinkPad 25年来发展的每一个瞬间和每一次技术创新后得出的结论——ThinkPad是改变世界的设备。ThinkPad在全球范围内改变了商务领域的工作方式，改变了科学研究和发明的方式，也改变了教育行业的教学方式，甚至改变了人们对音乐和视频消费的方式……ThinkPad如水或空气，无形却又渗透到了我们现代生活的方方面面。

“ThinkPad和移动计算革命，几乎对人类活动的每个环节都产生了深刻的影响，而这远不是最终的结果”。确实，诚如内藤先生所言，ThinkPad的25年不是结果，也许仅仅只是一个开始。

未来的ThinkPad会是什么样？会有全新的新品类出现，也会有全新交互界面、云服务的传感器和摄像头融入，人工智能也会成为ThinkPad最重要的一个组成部分，当然，我们会让Think精神融入更多用户的生活，我们仍然坚持“技术必须符合人类意志”。

全球PC产业正面临着一次产业升级的巨大变革，在人工智能的深度渗入中，我们原来认为的PC形态正发生着巨大的变化，而这种变化正是推动产业升级和社会变革的力量。ThinkPad正在亲历其中，并将与整个产业一起，重构全新“移动计算”的未来。

推荐序二

How the ThinkPad Changed the World and Is Shaping the Future

有最深的深度，才有最宽的宽度

秦朔

秦朔朋友圈Chin@Moments新媒体平台、

中国商业文明研究中心发起人

2000 年我到洛杉矶的加州州立大学（北岭分校）做访问学者的时候，买了第一台笔记本电脑，IBM 的 ThinkPad，15.1 寸，真的很沉。

回国后，我也用过美国其他品牌的笔记本电脑。做博士论文时要下载大量文件资料，多个页面同时加载，等论文完成，笔记本电脑被活生生用坏了，动不动就死机。我还向企业提出过建议，干脆生产一款“博士笔记本”，定位就是写博士论文也用不坏的笔记本。

也许朋友们会说，这十有八九不是产品问题，而是我自己操作不当，连累了笔记本。是的，我也这么自责过。直到女儿到美国读书，有一次我翻看她的英文教材《设计心理学》，才明白自己日常使用很多产品时的自责，原来都是替设计人员受过。作为消费者，我的沮丧其实是因为产品设计本身有问题，设计者没有关注使用者会在什么情境下使用产品，使用者的真实需求是什么。那一瞬间，我的内心好轻松，原来我并非自己想的那么笨！

自此之后，我又重新使用ThinkPad。笔记本右下角还是熟悉的标记，而右上角则有了Lenovo，打开笔记本，键盘中间还是那个圆圆的小红点。

好产品是会说话的，它通过用户体验来证明价值。但当我读完《ThinkPad之道：无可替代的思考》，我才明白，一个让用户充满轻松与喜悦之情的好产品究竟是怎么来的。

自1992年第一台ThinkPad发布以来，25年已经过去。在我看来，它不仅始终是科技的先锋，而且始终是高度人性化的用户体验的先锋，它把高科技和高情感完美地融合在了一起。

从科技角度看，1992年的ThinkPad就可以实现在无线网络下随时随地访问文档、照片并进行娱乐。此后它的创新历程涉及消费电子和通信领域的所有重大技术趋势，包括电脑微型化、电池在电脑上的应用（这使移动计算机成为现实）、彩色屏幕、互联网崛起，以及包括蓝牙在内的无线通信标准的建立和触屏电脑的流行。从用户体验看，ThinkPad有无与伦比的键盘感、高度的稳定性与可靠性、极好的散热性，有多种无线连接通道，不管在哪里使用都可以从容不迫。所以ThinkPad的发烧友们常说："拿出它就知道是用来干活的，而不是用来show的。"

好产品源自哪里？内藤在正作为ThinkPad之父有足够的发言权，由他亲自讲述的《ThinkPad之道：无可替代的思考》给了我以下四点启示：

第一，好产品是长期积累而来的。

今天的商界流行各种新商业概念和产品概念，在代工盛行的背景下，似乎有个新卖点，就能造出新物种来风行一时。看看内藤在正的讲述，在打造ThinkPad之前，他于1974年进入IBM在日本藤泽的研发中心攻克日语计算机化的难题，1983年推出日本专属版PC，1985年去美国"让面向不同国家市场的不同款计算机尽可能保持一致"并解决电磁干扰问题，1990年开发出首款电池驱动的笔记本电脑……无数的知识、经验、技巧是靠点点滴滴积累起来的。没有这些基础，ThinkPad不可能顺利诞生。新产品可以靠一些概念驱动，但经久不衰的好产品一定要有强大的根基。

第二，好产品是接受客户挑战的结果。

NASA要让ThinkPad进入太空，哈佛商学院要为1991年秋季开学的学生提供新一代计算机，这对ThinkPad来说都是很好的机会，但也充满了挑战。笔记本电脑在地球上需要承受1G的重力，但发射升空的过程中需要承受3倍到4倍的重力，并且太空辐射会让PC成为最先挂掉的设备。

日本人向来很爱惜珍贵的笔记本电脑，而美国学生则认为ThinkPad很贵，所以不管怎么用，怎么“虐待”，它都应该能正常工作。这些问题怎么解决呢？内藤在正讲了很多曲折前进的故事，让我们意识到，挑剔的、严格的、提出更高要求的客户，才是好产品的试金石。

第三，好产品是团队协作的结果。

《ThinkPad之道：无可替代的思考》的第二作者、美国作家威廉·霍尔斯坦说，内藤在正的不同寻常之处，是他在美国和中国分别待了很长时间，能以商业领域中少有的方法，适应不同的文化和期望。在工作上，他就像是一个管弦乐队的指挥家。虽然是工程师出身，但内藤在正并不是很了解电脑应用的所有不同种类的技术。他的本事在于建立团队，将拥有不同技术背景的人团结在一起，整合组织他们的成就，来打造实体产品，而这些人往往能跨越地域和文化的界限，圆满完成工作。

早期IBM的开发者们坚持所有的零件都要用自家制造的，但内藤在正意识到，可以通过整合业界中最优秀的产品来找到别的出路。比如美国西海岸一带的GPU（图形处理器）专业制造商层出不穷，而IBM在日本的大和实验室虽然有优秀的工程师，却无法做到配备几百个人去制造GPU。1994年，内藤在正放下执念，决定糅合其他厂商的精华打造远远高出业界标准的产品。正是依靠内藤在正的领导力，整个开发团队团结奋斗，才打造出了ThinkPad 750，如果不是他，最后的产品很可能只是好零件的堆砌。

第四，好产品是苦心孤诣用心做出来的。

内藤在正在书的最后说，“6 年前，我患了肺癌，经过痛苦的手术后，肿瘤被彻底清除，我也因此有了充足时间思考生死。我忽然想起我的父亲，他是一个普通人，一点儿也不出名，但在潜移默化中，他教会了我如何思考，如何解决面对的问题……我不在乎人们是否会记住我的名字，也不在乎他们是否知道我对他们的思考进程做出过贡献，如果我一生成就的精神能够传给下一代，传给我的创新大军，那么我依然长存于世。”这本书清晰地传递出一种忠诚于技术和质量的“工匠精神”，有了这种精神，即使再多的加班和彻夜不眠，也不会觉得是牺牲。

很多企业都希望像造物主一样泽被世界，但是真能领会到造物之道的企业可以说少之又少。ThinkPad 作为科技产品史册上最成功的产品之一，让我们体会到，要想有最宽的宽度，必须先有最深的深度。深深地积累，深入地挖掘，才会有持续的创新能力。犯其至难，方能图其至远。

推荐序三

How the ThinkPad Changed the World and Is Shaping the Future

见识一个有血有肉的ThinkPad

何力

资深媒体人、界面新闻联合创始人

ThinkPad如雷贯耳！我们一直听闻它的优秀——产品多么可靠耐用，工业设计多么出色，简直就是一个人性化的工作伙伴。但对于为什么是ThinkPad而不是其他品牌？它又是如何被创造出来的？相信包括我在内的大多数用户只知皮毛而未深入究竟。即使现在市面上有一些书籍和文章对此进行介绍，也多是站在IBM的美国管理层以及市场营销的角度上。在他们背后，对ThinkPad有着深刻影响力的一位发明家却常常被忽视。

他就是被人称作“ThinkPad之父”的内藤在正。

《ThinkPad之道：无可替代的思考》正是由内藤在正和另一位美国作

者威廉·霍尔斯坦合著，书中大量关于ThinkPad过去、现在和未来的种种故事，均以内藤在正的第一人称口吻进行叙述，也由此揭秘了众多由大和实验室缔造、最具标志性的科技产品的幕后故事。

内藤在正领导的大和实验室并没有苹果公司那样的明星光环，它与很多研发创造出优秀产品的实验室一样，需要不断解决各种难题，需要面对来自公司管理层以及用户、客户施加的种种压力，甚至是被“卖掉”。但不同的是，正是凭借内藤在正和他带领的优秀研发团队，ThinkPad创造出了各种“不可能”。它改变了商务世界的工作方式，改变了学校的教学和学生的学习方式，改变了众多科学研究和发明创造的方式。毫不夸张地说，ThinkPad改变了现代人生活的诸多方面。

但本书的魅力更在于，它不止让我们看到了ThinkPad缘何如此优秀，以及获得的种种殊荣——赢得NASA信任“飞”向太空，成为探险家的必备工具，创造出各种行业前所未有的标准，等等。更难能可贵的是，它让我们了解了一个有血有肉的ThinkPad：到达过无人能及的高点，也经历过彷徨、失落；曾是IBM的招牌产业，但最终不得不面对被边缘化的无奈。

同时，这本书前所未有地以内藤在正，这位代表着ThinkPad精髓的发明家的视角，详述了他眼中的联想，以及ThinkPad被联想收购后，中日美三方研发团队如何再续ThinkPad辉煌的故事。从中可以看到联想对内藤在正的重视，对创新文化的尊重，对ThinkPad产品精神的延续。

很难说如果没有内藤在正，ThinkPad 是否还能取得今天这样的成绩。但可以确定的是，正是内藤在正和他的研发团队对创新精神的不懈追求，让世界多了一项伟大的发明，让更多人可以使用到如此出色的产品。

伟大的设计家瓦尔特·格罗皮乌斯创造性地提出了，设计既是艺术的又是科学的，既是设计的又是实用的。是 ThinkPad 把这样的思想诠释得如此完美。

内藤在正是值得被敬重的，而他的故事也应该被世人所知晓并流传。对于那些想要用创新来改变世界的公司而言，ThinkPad 无疑是很好的商业榜样。

目录

How the ThinkPad Changed the World and Is Shaping the Future

扫码下载“湛庐阅读”APP，
“扫一扫”本书封底条形码，
测测你是不是ThinkPad的“真爱粉”！

前 言

科技领域最成功的发明家

How the ThinkPad
Changed the World
and Is Shaping
the Future

毫不夸张地说，1992 年发布的第一台 ThinkPad，是最早实现那些我们如今觉得电脑理所当然应该能够实现的功能的产品。从那之后，ThinkPad 改变了商务世界的工作方式，改变了老师教学的方式，改变了科学研究和发明创造的方式，改变了人们对音乐和视频的消费方式，还改变了现代人生活的其他诸多方面。

这是一个关于科技领域中最成功的创造者的故事。虽然内藤在正的大名在日本和中国以外鲜有人听过，但他却是ThinkPad笔记本电脑之父。25年来，内藤在正已与ThinkPad和他建立的日本团队融为一体，在快速迭代的科技领域奠定了不朽地位。而那段时间，走向末路的公司足够填满巨大的电子墓地，比如与苹果公司同时期的PC公司Commodore，曾生产电视机、显像管、商用电脑的美国无线电公司（RCA），以及生产消费类电子产品后来被LG收购的Zenith公司等。

ThinkPad笔记本，一台改变世界的设备

内藤在正和团队克服了很多足以毁掉技术标签的问题，包括自满、自负、短视以及内部斗争。在科技领域，这些问题常常会引发

危机，正如英特尔前 CEO 安迪·格鲁夫（Andy Grove）[①] 在《只有偏执狂才能生存》（*Only the Paranoid Survive*）中所写的，如果你管好自己，就好像从未遇到过这些问题似的，会有意想不到的结果。受到格鲁夫的启发，内藤在正的团队一直在关注这些问题，并下定决心要解决它们。

在这种情况下，他们打造了一台改变世界的设备。**毫不夸张地说，1992 年发布的第一台 ThinkPad，是最早实现在无线网络下随时随地访问文档、照片并进行娱乐的设备之一，而这些事情在如今看来，觉得电脑理所当然应该都会做。**ThinkPad 改变了商务世界的工作方式，改变了老师教学的方式，改变了科学研究和发明创造的方式，改变了人们对音乐和视频的消费方式，还改变了现代人生活的其他诸多方面。

ThinkPad 去过很多地方，上至珠穆朗玛峰峰顶，下至海洋深处。科学家使用它研究雨林冠层的生物多样性，探险家带着它穿越青尼罗河与尼罗河全线。美国国家航空航天局（NASA）是 ThinkPad 的狂热拥护者，国际空间站与和平号空间站里都有它的身影。ThinkPad 蝴蝶机还被纽约现代艺术馆永久收藏。

对于那些“空中飞人”[②] 来说，ThinkPad 让他们能够与同事或生

① 安迪 · 格鲁夫是犹太裔美国著名企业家、工程师，毕业于美国著名高等学府加州大学伯克利分校。——译者注

② 指经常旅行的人，特别是出公差的人。——译者注

意伙伴随时随地沟通，不管是在家还是在机场。成千上万的公司职员可以与家人共进晚餐，而不必泡在办公室加班到深夜，或者错过与孩子们相处的宝贵时间。他们只需在孩子们安然入睡之后按下笔记本电源键，就可投身工作中。ThinkPad 以及与 ThinkPad 有同样设计理念的设备，让人们有机会实现工作与生活的平衡。如果你愿意，可以一直保持互联状态。

在谈及 ThinkPad 的影响上，有一项数据极具参考意义：自问世以来，ThinkPad 的销售量已经超过 1 亿台，预计到 2017 年 10 月，ThinkPad 上市 25 周年之际，销量会更上一层楼。能够达到如此销售规模的产品寥寥无几，也许只有苹果、三星电子能做到。诺基亚和黑莓已经日落西山了。

我发现，很难确定 ThinkPad 推出了多少款机型。自 700C 发布以后，ThinkPad 在 2000 年至 2001 年间推出了 XTRA 这四大系列主要机型。2008 年，X300 上市销售，2011 年 X1 面世。此外，外形完全不同的单独产品线 ThinkPad Yoga 以及 ThinkPad X1 Yoga 于 2013 年至 2016 年登陆市场。

ThinkPad 型号数量难以确定的另一个复杂原因是，IBM 以及 2005 年收购 IBM PC 事业部的联想公司，会为大型企业用户定制机型，同时针对不同国家和地区，ThinkPad 也会有不同变化。仅 ThinkPad 的屏幕，就有 12 英寸、14 英寸和 15 英寸三种。难道说每一种都算作不同的机型吗?更复杂的原因是，没人追踪记录 ThinkPad 团队开发了多少款型号，而最终哪些上市、哪些没有。因此，最稳妥的答案是那些实际进入市场的数百款机型。

确定与 ThinkPad 相关的专利数量也是不可能的。多年来，IBM 一直是全球专利申请数量最多的公司。一些持有某项专利的人，似乎在联想收购 PC 事业部后失去了这些专利。IBM 会保留部分专利，也会将其他一部分转给购方公司。出于竞争考虑，联想没有披露具体持有的 ThinkPad 专利数量，但数字显然在数千以上。在撰写这本书期间，我接触到的 ThinkPad 工程师，每人都持有 40 ~ 60 项专利。总体上说，数百位极有创造力的工程师为 ThinkPad 奉献了数十年，很容易将专利数字增加到数千之多。

ThinkPad 的发展历程涉及了消费电子和通信领域的所有重大技术趋势，比如电脑微型化（过去电脑大到能装满整间屋子），电池在电脑上的首次应用使得移动计算机成为现实，彩色屏幕问世，互联网崛起，包括蓝牙（专为 ThinkPad 打造）在内的无线通信标准的建立，以及触屏电脑的流行。这些技术变革中的任何一项都能瓦解现有产品以及打造这些产品的公司，但内藤在正和团队能够一直预测这些变革，并将它们融入到 ThinkPad 中。

因此，以当前一些标准看，ThinkPad 在包括苹果产品在内的笔记本电脑领域处于领先地位。由于注入了来自中国的新创意，

ThinkPad 已不再是那个键盘中间镶着小红点的四方盒子。ThinkPad Yoga 和 ThinkPad X1 Yoga 采用了 360 度旋转铰链，支持 4 种屏幕姿态观看电影，用户还可以用它在厨房翻阅菜谱。这种被称为“变形本”的产品，同时具备超薄超极本和平板电脑的特性，是 PC 市场上最热门的销售品类。

内藤在正的团队在笔记本电脑领域率先采用了有机发光二极管（Organic Light-Emitting Diodes，以下简称 OLED）技术。虽然其他公司奋起直追，但内藤在正的团队首先攻克了使用这项突破性技术的棘手难关，并将之应用在ThinkPad X1 Yoga上。与传统液晶显示（Liquid Crystal Display，以下简称 LCD）屏幕相比，OLED 是个飞跃，它能提供极亮的色彩和极高的清晰度。同时，OLED 也比 LCD 屏幕更薄，有助于推动笔记本电脑的体积进一步缩小。

ThinkPad X1 Yoga 还配备了能在屏幕上画图和书写的手写笔，而且这些图片能够被电脑捕捉，并传输给其他人。这一功能为用户开创了全新的合作方式，用户可以像使用白板一样，用它概略地阐述新创意，同时还能将这一切以电子形式与远程用户分享。简而言之，ThinkPad X1 Yoga 不再是父辈使用的 ThinkPad。

这本书涉及技术给社会和商业带来的影响，而非特别关注“内部打法”，即详述公司内部的一项特别创造是如何诞生的。我们采用这种风格写这本书，为的是尽可能通俗。你不必是个技术天才，不需要拥有商学院文凭，也可以理解书中的大量故事。当然，技术背景深厚的读者和商学院学生也能在本书中找到心仪的内容。你也不需要是日本文化或中国文化的专家，必要时我们会在书中做出解释。

这本书不仅仅是在讲述一段历史。我们会带领你走到 ThinkPad 和苹果产品在大型企业、高校，以及更广泛的消费类市场进行肉搏战的前沿阵地。ThinkPad 与 MacBook 是计算机产品类别中的两个对立端：ThinkPad 一般吸引严谨的专业人士，他们要处理文档和电子表格；苹果产品则凭借处理音乐、图片和视频能力吸引用户。但眼下，在这场高风险的战役中，随着设备纤薄化、多功能化，ThinkPad 与 MacBook 开始在中端市场正面交锋。

ThinkPad 与 MacBook 有着截然不同的创新模式。苹果一直依赖于史蒂夫·乔布斯的愿景，不过乔布斯已与世长辞，这令科技领域的每个人都深感遗憾。历史告诉我们，企业很难填补极具远见卓识的领导者走后留下的空缺，很难再创造出全新类别的产品，就如乔布斯打造 iPhone 和 iPad 那样。想想索尼的盛田昭夫，他创造了索尼随身听这一全新类别产品，但随后世界变革，缺少了他的索尼没能赶上新浪潮。

现年 65 岁的内藤在正也会谢幕离场，但他相信，他打造的创新模式并不依赖某个单独个体。在联想麾下，融合了日本、中国以及美国工程师和营销人员的团队，正在不断碰撞出新理念、新产品。内藤在正建立了一支创新大军。在最后一章中，内藤在正将分享他对移动计算未来的愿景。

内藤在正的奋斗与胜利

令人惊讶的是，内藤在正与 ThinkPad 的故事竟然从未见诸英语世界。此前的书籍和杂志文章均是从美国管理层和营销人员的角度进行分析，忽略了内藤在正的作用。20 世纪 90 年代，IBM 高级管理层忙着争权夺利，而内藤在正却希望 ThinkPad 不断前行。数十年来，内藤在正初心未改，决心未变。这需要精神上和肉体上拥有双重毅力。他在本书中透露了很多他取得的胜利和他付出的努力，这些胜利和努力令绝大多数日本人都难以企及。

内藤在正是位不同寻常的日本人，因为他在美国和中国待了很长时间，能以商业领域中少有的方法适应不同的文化和众多期望。与日本工程师或供应商相处时，他是典型的日本人；与西方管理者或者同行在一起时，他又直爽得让人有些惊讶。我亲身经历的一个小故事很有代表性。在日本横滨，我和内藤在去吃晚饭的路上，我谈到在美国人看来，日本人绝不会闯红灯，即便没有车也不会，他们会耐心等待信号灯变绿，这非常有趣。数十年来我到访日本很多次，从未看到过一个例外。而美国人，特别是纽约人就会闯红灯。我问他对此如何看。“我们尊重规则，”内藤说，“你们不然。”他用简单几个字就解开了一个复杂的文化之谜。这对一个日本人来说非比寻常，因为许多日本人坦承，直言会令他们感到不安，生怕伤害他人的感情。

在工作上，内藤像是一个管弦乐队的指挥家。尽管他是工程师出身，但他并不是很了解电脑应用的所有不同种类的技术。**他的本事在于建立团队，将拥有技术背景的人团结在一起，整合组织他们的成就来打造实体产品。这些人总是能够跨越地域和文化的界限，圆满地完成工作。**

我曾两次前往日本与内藤会面，并与他相处了很多个日日夜夜。他和史蒂夫 · 乔布斯、迈克尔 · 戴尔、史蒂夫 · 鲍尔默、马克 · 扎克伯格以及埃隆 · 马斯克等后起之秀完全不同。内藤几乎没有表现力，也没有浮华的生活方式，他有着坚韧的性格，但他创新的风格却谨慎认真，一步一个脚印。**与那些科技界的明星不同，内藤能与他遇见的人快速建立联系。在他们解决复杂问题时，内藤会倾听。他会从一开始就凝聚共识，而非从高位下达命令。**

说内藤在地缘政治影响上发挥了重要作用一点儿也不夸张，因为他的作用，ThinkPad成了美日合作的独特事例，即使两国政府间关系紧张，也未能阻挡两边团队的合作。大和（Yamato）实验室归属于IBM PC事业部，内藤大部分时间都在这里工作，第一台ThinkPad也在这里完成开发。我们找不出第二家能为美国母公司打造重要产品的日本研发实验室了。日本消费电子公司，包括东芝、索尼以及松下，与美国同行的竞争十分激烈。尽管这些公司在半导体、传感器、电池以及屏幕等设备零件上仍保持强大地位，但它们很大程度上没能凭借自身品牌主导全球市场。它们成了孤岛，与终端用户失去了联系。与之相反，ThinkPad 在全球范围内仍旧是一个标志性品牌，这至少是由于美国和日本两方面的合作一直延续了下来。

当 IBM 将 PC 事业部卖给联想时，内藤在保持团队士气以及维护大和实验室完整性上发挥了重要作用。北京和北卡罗来纳的管理层在如何处理 ThinkPad 团队上存在巨大的不确定性。关闭实验室了事？将所有岗位搬至中国？中国人是否会拉低 ThinkPad 的质量？日本工程师极度害怕这一点。PC 事业部能够从美国公司平稳过渡到中国人手上，内藤的贡献很大，部分原因是他与联想董事长杨元庆建立了良好关系。

成功了！联想视 ThinkPad 如己出，并且投入资金扩大销售，这远远超过了 IBM 此前的动作。虽然 PC 事业部是 IBM 旗下一个分支，但 IBM 与 ThinkPad 的关系却存在根本性矛盾。IBM 高级管理层青睐几乎不会损坏的大型计算机，而包括 ThinkPad 在内的个人电脑却受着早期质量问题的困扰。PC 事业部像是个不守规矩的继子，拒绝遵从父母的管教。归属 IBM 时，ThinkPad 销量只有 2 500 万台，但在联想旗下，这一数字增长到了 7 500 万台。此时，ThinkPad 再一次成为代表着日本、美国以及中国文化融合的独一无二的例子。这是个罕见的壮举，因为中、美、日三国在政治和商业上常常出现紧张局面。现在，美国、中国和日本是全球前三大经济体，因此理解三国之间的交流，对于那些希望透析全球经济发展的人来说至关重要。现在，已不是欧洲主导的世界了。

研究并撰写本书完全依赖 ThinkPad X1 Carbon。我和内藤对这款产品物尽其用——相隔万里，横跨三个时区，合著了 10 万字。对我而言，这台机器能够提升我的工作效率，很大程度上因为它配备了“作家键盘”，非常适合打字。当我采访时，不管是面对面还是通过电话，我的手指能在键盘上快速移动，因为按键经过优化设计，这点是其他键盘不能比拟的。不需要录音或者转录谈话内容等令人头痛且耗费时间的程序，我能快速记录采访对象的所言所谈。同时，ThinkPad X1 Carbon 在数秒内开机启动的能力也极其重要。这看上去也许有些老套，但其实不然。数秒内开机极大提升了我的效率，因为我不需要闲坐在那里盯着电脑屏幕，等着它开机运行。此外，我职业生涯第一次大量使用设备的备份功能，将文档上传到云端。在云端，大型服务器存储着海量数据信息。与内藤合著这本书期间，我深信 ThinkPad 是每一个作者认真工作的绝佳平台。能与创造 ThinkPad 的关键人物合作，是我莫大的荣幸。

威廉·霍尔斯坦

01

神奇开始，危机笼罩实验室

How the ThinkPad
Changed the World
and Is Shaping
the Future

我处理问题的思路是受我父亲的影响——如果能明确问题的根源，就有机会击败它。在某些情况下或许会出现两个诱发根源，导致问题解决起来更为棘手。但首先要挑战的是，明确诱发问题的根源。

我一直说，我的性格遗传自我父亲。我的意思是，他完完全全地塑造了我的人生，就连我解决问题的思路方式，也都跟他一模一样。父亲性格沉稳，同时非常善于分析问题，他曾是一名机械工程师，负责维修飞机。

1952 年，我出生在名古屋这座日本中部城市。父亲业余时间都和我泡在一起，动手做做收音机或者可以飞的轻型玩具飞机。当时，晶体管还未问世，我们只得用老式真空电子管组装收音机。我有两个姐姐，所有表亲也都是女孩，因此，不管对错，父亲培养新一代工程师的愿望就落到我这小辈儿中唯一的男丁身上了。

用今天的流行话说，我有点儿书呆子气。只要条件允许，我能花几个小时仰望星空，那些星星让我非常着迷。我初中时参加了太空俱乐部，但学校不允许我们夜晚进入教学楼观测星星。这让我觉得非常愚蠢，我必须靠自己实现这项爱好。1969年，我即将高中毕业，那年美国“阿波罗号”宇宙飞船成功着陆月球，我被深深地吸引了。

我对首批计算机也十分熟悉。在大阪举办的展览会上，我看到了IBM推出的大型打印机原型，这台机器能打印日语里常见的复杂汉字。IBM似乎站在了科技前沿。对我而言，计算机就是IBM，二者是同一件事物。

父亲从未跟我透露他想让我成为工程师的心声。他不必如此，因为我自己已对工程领域充满热情，并且拿到了日本顶尖大学之一庆应义塾大学仪表工程系的录取通知书。

毕业时，加入IBM似乎成了唯一合理的选择。IBM日本公司由日本高管掌管运营，看上去是家彻彻底底的日本公司。1974年，我入职IBM位于藤泽市的新建研发中心，内心激动不已。这座研发中心主要为银行业开发终端机。

那时候的日本像是孤岛，与整个计算机世界隔离，原因是日语的书写方式与众不同。日语有52个相对简单的字符，称为“片假名”，用来理解西方舶来的概念。同时，日语还有第二套表音字符，名为“平假名”，是在数世纪前由汉字简化而来。另外，日语还使用汉字，称为“日本汉字”。日语体现了日本从东西方吸收了很多技术和理念，并且不断修正，不断改良。

复杂的日文可能需要 12 画写成，相比而言，英语只需要 3 至 4 画，因此，日语无法完全计算机化。彼时，计算机使用单字节（或 8 比特）表述一个字符，这能让机器写出 256 种字符。对于英语或者其他欧洲语言来说，这足够了，但难以应付数目庞大的日语汉字。我们必须改造计算机，令其能处理 2 字节代码来显示日语汉字。电脑的存储容量当时也很小，只有 64 千字节，按现在的标准简直是少得可怜，还不够存储几千个日语汉字的字体图像。现在谈到设备的内存规格，人们已习惯张口闭口几个 G，这让我在有生之年见证了计算机能力的爆炸式提升。

为了攻克日语计算机化的难题，IBM 日本希望开发一款 2 字节（或 16 位）系统，并且成立新产品研发部门来负责此项工作。在寻找志愿者时，我自告奋勇，迫不及待想应对这一挑战。

我开始分析问题。那个年代的终端机非常愚笨，没有任何智能可言。终端通过电缆与控制器相连，而控制器才是智能核心。我拆解了控制器，观察逻辑电路以及控制核心，终于找到了症候，是印刷字体在控制器中的存储方式有问题。我调整了这些字体，计算机便可显示日语了。解决办法很简单，但从没有人想到这点。自此，日本开始与全世界互联，而通信终端技术成了我的第一个专长。

个人电脑的到来

1981年，IBM个人电脑PC-AT问世，可谓是极具开创性的时刻。IBM曾投身大型计算机“大铁块”（Big Iron）的开发，但又显然意识到“分布式计算”这一新纪元的到来。多少年来，人们使用电脑的唯一途径是前往大学的计算机中心，请中心的专业人员运行各类程序。这听起来令人难以置信，但事实就是如此。你需要将穿孔纸带交给工作人员，实际上，这些孔就是你要运行的程序以及要处理的问题。等到第二天，才能得到最终结果。

首台IBM个人电脑是款伟大的产品，但性能不足以处理日语中复杂的字符。这表明我们仍需要一款不同版本的PC来适应日本市场。1983年，我们推出了日本专属版PC，名为IBM 5550。这台设备的研发工作是在藤泽实验室完成的。不久后，实验室搬到了东京西南部小镇大和。

随着时间的推移，新技术的成本不断降低，IBM很明显需要提升PC内存和屏幕的分辨率。慢慢地，IBM各部门开始埋头攻克难关，打造全新一代家庭电脑PS/2（Personal System 2）。

研发重任落在了IBM位于博卡拉顿市（Boca Raton）的实验室身上，这座实验室负责IBM全球PC的所有开发工作。我的任务是重新设计5550，使它尽可能地贴近PS/2。我们希望能最小限度调整PS/2，同时最大限度保证两款设备部件的通用性。**让面向不同国家市场的不同款计算机尽可能保持一致，有助于提升产品的易用性，降低生产成本，以及加速新技术的普及。**

EMI 难题，唐乃晖的危机

1985 年，我开始造访博卡拉顿实验室，了解新产品的外形等信息。当时实验室的工作人员将工作重心放在他们的首要任务上，并不真心欢迎我的到来。我显得有些惹人厌，因为我问的事情与他们打造 PS/2 系列没有一点儿关系。我想详尽记录他们正考虑使用的部件信息。他们似乎认为我是个古怪的日本人，说着一口蹩脚的英语。坦白讲，他们待我并不友善，而我很明白其中的缘由。

但我深知我们能够完成任务。我能整合这两套系统，于是 5550 失去了意义，公司终止了这款产品的开发工作。这显然是场胜利。我猜老板们应该是看到了我的潜力，他们邀请我转岗到美国，一展宏图。这种工作调动情况在 IBM 十分普遍。1987 年 4 月，我带着妻子和两个孩子举家迁往纽约州的韦斯特切斯特县。我被派往 IBM 位于怀特普莱恩斯市北百老汇街的 PC 事业部总部，担任卢·比法诺（Lou Bifano）的助理。比法诺则要向 PC 事业部研发负责人唐乃晖（Nicholas M. Donofrio）汇报工作。同时，唐乃晖还掌管着博卡拉顿实验室的大权。

唐乃晖在公司内部是个传奇，他对工作尽善尽美的要求是出了名的。我对在美国工作心生恐惧，因为我的英语实在太差劲儿了。接电话是我的工作之一，但我发现接电话并用英语沟通是件非常恐怖的事儿。我常常等电话铃响过三四声后才拿起听筒，因为我希望对方能在我接起电话前就逐渐失去耐心，挂掉电话。学生时代我学了 6 年英语，并且考试分数不低，但与众多日本民众一样，我很难用英语熟练地、流利地进行交谈。

我在纽约应对工作琐事，而大洋彼岸大和实验室的一支团队接到新任务，研发另一款 PS/2 产品 P70。这将是 IBM 首款面向全球市场的非美国本土研发的 PC。P70 是 IBM 第一台“手提行李”式产品，之所以称它为“手提行李”，是因为它差不多重达 9 千克，必须得用力提着。它离“便携式”还差得很远呢。

但大和团队遇到了电磁干扰（Electromagnetic Interference，以下简称 EMI）难题。计算机中的电子线路能产生电流和电压，这会引起 EMI。EMI 是种有危害的辐射，早期电视机也遇到了相同难题。在全球市场上销售的每台电子设备，都必须符合政府设定的相关标准。在美国，这家重要机构便是联邦通信委员会（Federal Communications Commission，以下简称 FCC）。

在新产品准备出货之际，出现 EMI 问题不足为奇。EMI 问题总在最后关头显现，原因是我们在产品开发的不同阶段都会针对 EMI

做测试。但设计和零部件的不断调整，总会在不经意间带来新的 EMI 难题。当然，如果问题得不到妥善解决，P70 就不能开售，这就会造成巨大的财务亏损。

我的美国上司们显然非常担忧实验室的 P70 问题，开始要求我关注最新动向。职务上，我不是大和实验室或者 P70 项目的成员，但比法诺和唐乃晖想要立刻得到答案。因为我能说日语，于是他们向我求助。我只能通过电话或传真的方式与大和团队沟通，当时，跨国合作开发项目的难度可能是现在的两倍。但我发现，无论白天还是黑夜，只要电话打过去，甚至是日本的凌晨一两点钟，也会有人在工作。诚然，我觉得是应该努力工作，但我从未见过一群日本工程师如此夜以继日地工作还乐此不疲。我觉得他们有点儿疯狂。

大和团队最终寄希望于博卡拉顿，他们将难题带到这里，盼望能找到解决办法。所有人都认为博卡拉顿会有高招，毕竟这里负责 IBM 全球 PC 的研发。

然而，博卡拉顿却笼罩在危机感中。博卡拉顿的 EMI 实验室水平是 IBM 全球体系中首屈一指的，但即便是这里的专家，也被这台“手提行李”难住了。他们习惯了解决台式 PC 难题，台式 PC 拥有单独的 CPU、外置键盘、鼠标以及显示屏，但现在，所有这些组件以他们从未见过的方式集成到了单个机器上。

产品生产已提上日程，但EMI的问题一直悬而未决。唐乃晖意识到他遇到了大难题，大概担心自己的事业陷入危险境地，他施压研发团队必须找到解决之法。

大和实验室的高管们意识到危机的严重性后，召集恰好身在美国办公的IBM日本工程师，要他们飞抵博卡拉顿帮忙。我当然身在其中。

再次来到博卡拉顿，我开始冷静寻找EMI问题的根源。**我处理问题的思路是受我父亲的影响——如果你能明确问题的根源，就有机会击败它。在某些情况下或许会出现两个诱发根源，导致问题解决起来更为棘手，但首先要挑战的是，明确诱发问题的根源。**

我的英语水平显著提升，而且我惊讶地看到人们开始倾听我的想法。我说，**我们重点要做到“重复”。如果你成功明确了诱发问题的根源，并进行测试，得到了积极结果，就需要明白整个过程步骤，以及哪些因素会影响结果。你要重复试验，得到相同结果，以保证找到解决问题的方法。**

我开始在头脑里组织试验，构建逻辑过程。如果你要调整一套系统，你期望的结果是什么？如果你得到结果A，它意味着什么？如果你得到结果B，又意味着什么？你应该在测试设备前清楚知道预期结果，否则就是在浪费时间。

我在博卡拉顿花了整整两个月解决EMI，并最终解决了它，P70如期推出。FCC要求IBM将P70交给FCC的华盛顿实验室，以测试这款设备是否符合监管规定，结果是P70通过了测试。

自此，我成了公司里参与处理EMI问题的明星工程师。1987年11月，博卡拉顿研发团队的负责人来到怀特普莱恩斯市，请求我上司派我在感恩节假期间的一个周末前往佛罗里达，因为他们的另一台PS/2机型Model 30遇到了EMI问题。身为日本人，我本不该介意在美国传统节日期间加班加点，但周末对我和我的家庭来说同样重要。不过我接受了这一安排，同时打算尽一切努力弥补家庭。

公司报销了我飞往博卡拉顿的费用，我自己掏钱给妻子和孩子买了机票，他们从没去过佛罗里达。我连续几天泡在昏暗的EMI室里，而家人在明朗的沙滩戏水玩乐，他们甚至看到了一架航天飞机从肯尼迪角发射升空。时至今日，我妻子仍将那几天视为她最开心的经历之一，特别是在我因为忙工作而没陪在她身边的时候。

在EMI室，我再一次使用父亲的直觉，圆满解决了问题。IBM可以出货另一款新产品了。

因为我的头衔跟唐乃晖差了好几个级别，我并不十分清楚他对我的工作有多欣赏。直到2001年，事情过去十几年后，时任Think-Pad业务部副总裁兼总经理的彼得·霍腾休斯（Peter Hortensius）告诉我，他曾向唐乃晖提议，提名我为 IBM 院士（IBM Fellow）。成为 IBM 院士是公司给的最高荣誉，受奖人能获得自由空间，追求自己向往的研究方向。

唐乃晖不断晋升，现在已是高级副总裁，有点儿像跻身神域，成为奥林匹斯山的希腊众神之一。高级管理者所享受的被人崇敬，一直是 IBM 日益严重的功能性失调的一部分，但事实就是如此。唐乃晖直接向公司 CEO 汇报，并掌管公司的技术战略大权。解决 EMI 问题一定有助于他事业的飞腾。

霍腾休斯亲自去见唐乃晖，讨论我的提名事宜。“我们想提议晋升内藤为 IBM 院士，”霍腾休斯回忆说，“你支持吗？”

唐乃晖回答道：“内藤在 1987 年时帮了我的大忙，你当然能给他升职。产品出了问题后，内藤能够妥善地处理。他解决了其他人的问题。”

才出油锅，又入火坑

1988 年 3 月，我计划在美国多待半年，直到 9 月返回日本。我续租了房子，并在 IBM 新总部大楼申请了工位。这座大楼即将竣工，位于韦斯特切斯特县的萨默斯小镇。

但一通电话打乱了所有安排。我在大和的上司表示，他原本计划让我在美国多待一阵子，但现在想让我立刻返回日本。电话中他没有告诉我具体要负责什么工作，我别无他法，因为这在日式风格的公司内并不是稀奇事儿。我们要成为武士，只管遵从命令，而不去质疑命令。

我退了房子，并在三周内打包好了一切物品。

返回日本途中，我们全家在毛伊岛住了几天，享受了一下日光美景。我和妻子，还有 9 岁的女儿和 3 岁的儿子一起度过了美妙的时光。当时我并不知道，这会是未来十年中我唯一的假期，就像有句谚语所说的：才出油锅，又入火坑。

ThinkPad创新理念

- 我们努力让面向不同国家市场的不同款计算机尽可能保持一致性。这有助于提升产品的易用性，降低生产成本，以及加速新技术的普及。

02

概念验证，IBM重回PC赛场

How the ThinkPad
Changed the World
and Is Shaping
the Future

我们开发了一套“问题追踪”系统，来管理可能随时跳出来的难题。一个问题出现时，我们会给它编上序号，然后输入到数据库。第一步是“开放”问题，下一步则是相关组件或系统的负责团队发声，表明他们已在“解决”问题。当他们找到处理方案，发现问题的一方会“验证”该方案是否能解决问题。问题得到妥善处理后，我们就会“关闭”这一问题。

返回日本后，我获悉自己将负责开发依靠电池驱动的 PC 产品。推动开发这一品类的主要动力，似乎是 IBM 与哈佛商学院的合作关系。哈佛商学院在推动商业领域的技术应用方面可以说是领头羊。比如，全球首款电子表格软件 VisiCalc（全称 Visible Calculator）就是诞生在哈佛商学院，后来 VisiCalc 又被当时的最尖端技术 Lotus Notes 取而代之。

1984 年 3 月，哈佛商学院教授沃伦·麦克法伦（Warren Mc-Farlan）在《哈佛商业评论》杂志发表了一篇题为“信息技术将改变竞争方式”的文章。当时仍是信息技术的黑暗时代，文章描述了信息技术通过帮助企业差异化产品，进而赋予企业在市场中的竞争优势。

当时，鲜有商业人士能看到计算机的发展潜力和重要性。麦克法伦是最早一批倡导计算将改变商业的人。

从1984年开始，我们向哈佛商学院销售“手提行李”式电脑。学校希望800名学生人手一台。根据不同型号及其配备的各种外设装备，每台电脑差不多重达16千克，学校为此特意提供了类似机场用的行李推车。因为电脑经常出现故障，IBM在哈佛建立了售后维修中心。这些电脑的用途也极其有限，而且拔掉电源插头，机器就会停止工作。还有屏幕显示，就是黑底黄字。想象一下，没有五彩斑斓的颜色，世界会是什么样？

这些设备运行微软DOS系统，全称为微软磁盘操作系统（Microsoft Disk Operated System）。后来又使用黑白版的Windows系统，界面上没有色彩明亮的图标来指导用户。系统字体并不清晰，确切来说是有些模糊。电脑不支持许多目前看来再基础不过的功能，包括存储音乐或照片。伴着智能机和平板电脑长大的年轻用户们，根本无法想象当时的局限性。

也许因为我们的设备出现了非常多的问题，哈佛商学院开始转投Zenith，一个已经倒在了历史长河中的消费类电子公司，从1987学年开始采购该公司质量稍好的电脑。与哈佛商学院保持良好关系一直是IBM引以为豪的事情，因此公司希望再次敲开哈佛的大门。不久，哈佛决定面向不同制造商进行招标，为1991学年9月开学的秋季班学生提供新一代计算机，IBM迎来了机会。

当时，哈佛商学院的院长是约翰·麦克阿瑟（John McArthur），但在背后推动移动计算理念的应该是麦克法伦。他没有任何官衔，比如信息技术高级副总裁之类，但院长信任他，资深教员们也信赖他，因此他接手了招标工作，并拥有最终的决策权。

新的计算机主要用来帮助学生进行案例分析，这是商学院的核心课程。学生们不仅要能在平时课上使用计算机，还要在残酷的期末大考中使用。这类考试时长达 4 小时，试题内容为案例分析，学生使用自己电脑上的 VisiCalc 软件分析数据。通常情况下，学生们要花两个小时阅读和分析案例，而后在计算机上写下结论。计算机不能联网，因为网络那时还很原始。

多年来，期末大考一直是后勤部门的梦魇，因为考试期间需要额外电源组保证"手提行李"式电脑的稳定运行，同时技术支持也必须到场，以防设备崩溃。学校很清楚需要一款优异的替代品。

我们当时还不知道消息，但麦克法伦心里已有三家候选公司：苹果公司、数字设备公司（Digital Equipment Corporation，以下简称 DEC）以及 IBM。

1985 年，约翰·斯卡利（John Sculley）从百事可乐跳槽到苹果担任 CEO 一职，并将史蒂夫·乔布斯挤出了他自己一手创办的公司。麦克法伦认为，苹果拥有"惊艳的产品"，但他随后表示，"可我们不确定，这家公司能否存活下去”。DEC位于波士顿，在融资阶段，一家由哈佛商学院教职工运营的投资基金向它投入了大笔资金。因此，它与商学院有着紧密联系。DEC当时正在开发一台名为Rainbow的计算机，但麦克法伦不相信他们真的会下决心开发Rainbow。事实上，短短几个月之后，Rainbow项目就无以为继了。

因此，IBM拿下了竞标。但我们真的能迈出下一步，做出真正意义上的便携式PC吗？IBM此前从未研发过这种设备。我们做了一个冒险决定，向哈佛销售连我们自己都不知道如何打造的产品。我们能否满足麦克法伦的品质规格要求？“哈佛买的东西要确实能用。”麦克法伦提醒我们。坦白讲，我们不知道答案。

Aloha项目，只能成功不能失败

为了应对哈佛的挑战，IBM决定给大和实验室机会，让研发团队放手一搏。我将与此前在纽约时沟通过的疯狂工程师们一起打拼。这支团队大约有50人，我们有时候同IBM的另外两个实验室——博卡拉顿和罗利竞争，有时又与他们合作。

我不知道IBM高层是否有意为之，但决定让日本工程师打造便携式PC，这背后有着很强的逻辑性。**便携式PC的几乎每个零部件，都要比台式电脑的小很多，而打造袖珍事物深深植根于日本文化中。**日本的国土面积与加利福尼亚州相等，但日本的人口却高达1.25亿，是加利福尼亚州的 3 倍。我们挤在狭小的空间里，这点是全球其他地方不能比的。日本大部分陆地被陡峭的火山所覆盖，平原非常稀少，因此几乎每寸土地都利用上了。这使得我们只能住小房子，开小型车。日本文化鼓励我们将一切东西轻量化、缩小化。而美国人恰恰相反，他们追求体积大的事物，大块头的人们需要在宽阔的马路上开着大车去大商场购物。

日本还拥有非常不同的创新风格，我称之为“自下而上”。举个不是十分恰当的例子，就拿日本的水稻种植文化来说，从种植到收割的每个步骤都需要协作，这意味着我们必须要有一定的共识，知道自己在做什么。事实上，日语中有个专门的词来形容建立共识——根回（Nemawashi），字面意思是“将水稻根部绑起来”。我们的思维模式就来源于农业协作的实践。

美国公司的创新模式，包括后来的中国模式，在我看来就是，领导者描绘他想要取得的愿景，而后向全世界宣布。这其中会开启评估程序，确定愿景是否真的可行，产品是否能问世，以及市场是否会买账。我称这为“独行猎人主义”方式，是明显的“自上而下”。这种方式有时会奏效，但并不会总是成功。

关于文化我要说的最后一件事，是日本人信奉“持续改善”（Kaizen）概念。丰田汽车凭借精益化生产方式，让“持续改善”概念闻名于世。但这不仅仅是专属于丰田的方法。**持续不断的改善，年**

复一年，绝不放弃，这种精神已深深地扎根在了日本文化里。

当时市面上已有两款便携式电脑，分别是东芝和康柏旗下的产品，我的工作是带领IBM入局。对于大和而言，这是孤注一掷的机会，不成功便成仁。因为我们想在IBM全球运营中树立自己的标杆，而不再局限于为日本市场研发产品。如果我们不能独树一帜，就会面临被重组，甚至更糟的局面。

1989年，我正式加入Aloha项目组，任务截止期限定在1990年9月，时长近一年。这款产品最后定名为Laptop 40 SX，简称L40 SX。我们当时并不知道名字，但这场硬仗某种程度上是一次测试，看看这种规格的计算机能否实现。

我们拥有一些优势，其中一项是键盘，由现在年轻人从未见过的IBM Selectric电动打字机发展而来。键盘由位于肯塔基州列克星敦市（Lexington）的键盘制造部门设计，昔日Selectric就是从这里走向世界的。按键是凹面设计，简单来说就是，对于经常打字的人来说，按键触感极好。我们取列克星敦之长处，多年来反复精炼。比如向他们学习按键设计，为用户提供反馈感。我们用示意图表示按键如何反馈人们的触碰，以此来分析如何提供最满意的触感。如果按键阻力过大，就证明是款沉重触感的键盘；而图示曲线是轻触的话，则表明是温和的力道反馈。

我们还知道键盘有理想点击感，手指下压按键，当达到理想点时，会发出“哒哒”的点击声。按键不应该碰撞到键盘下方的电脑部件，否则这种触感会让人不舒服，而且可能伤到手指。就像修理工会调整汽车引擎，我们也会调整按键对触碰的反应。没有人能复制我们在键盘触感方面取得的成就。

然而，其他技术难题像潮水般涌来，特别是尺寸和重量。我们必须想出办法，打造符合尺寸要求的主板，而它显然只能占一整台PC大小的一小部分。主板上要集成主内存芯片，其他只有支持功能的半导体组件（称为芯片组），以及电源供应零件。在大型立式计算机中，为这些零部件找到安放空间不是难题，工程师可以随意利用他们需要的空间。但现在，我们必须想出缩小空间的法子。

我们还有其他独特需求待解决，比如怎样嵌入单色液晶显示屏、电池组、2.5英寸硬盘驱动器，以及软盘驱动器。现在，软盘已经成了历史，但在当时它们非常重要。虽然软盘的容量只有可笑的1.44MB，但它们代表了能在计算机上加载、删除文件。那个年代，人们还无法发送电子邮件。

大和实验室负责研发产品的内部模块，而整个项目还有IBM其他部门协作。比如，结构设计由博卡拉顿实验室完成，同时他们还全面负责Aloha项目。IBM位于北卡罗来纳州三角科学园（The Research Triangle Park）以及苏格兰格里诺克镇（Greenock）的工厂，负责生产事宜。我们与其他实验室保持着微妙的平衡关系。**IBM 的业务模式是在不同团队间制造分歧，然后看谁能做出最好成绩。他们制定了这条刻意培养分歧的政策，用来提升内部竞争。这招儿有时会管用，有时却不行。但这就是 IBM 的哲学。**

一大批合作伙伴也参与到了 Aloha 项目的研发中，因为我们需要他们手中的技术。对我来说，协调好不同时区的部门事务是项挑战，但应付不同文化更是难上加难，因为我只有少得可怜的海外生活经历。日本人有着强大的文化，知道彼此之间的期望是什么。当欧美人或者其他国家的人不理解我们含蓄表达的意思时，常常令我们很惊讶。我不得不采用不同的，或者说更西方化的风格来为人处事。公司里一些美国朋友告诉我，我不应该在会议中干坐着，直到点我名字才发言，但这是我的文化倾向。**我慢慢学会，让大家尽早获悉我所知和不知的事情，才是最重要的，而不是在幕后默默解决分歧。我必须学会让他们知道，我要从他们身上获得哪些东西。**我学会了在恰当的时间、恰当的会议上毫无保留地说出建议。在许多方面，这种做法都很不日本化，但是极有必要。

我不断变换工作地点。尽管职务上我调回了日本，但从产品研发到生产的各个阶段，我都会在不同地区承担大量工作。比如，初始概念设计阶段，我要待在博卡拉顿或者前往加利福尼亚。我们的合作伙伴西部数据公司（Western Digital）总部位于加利福尼亚，他们提供芯片组元件。

我的工作本质上就是系统集成器，保证不同技术背景的人们彼此工作同步，保证所有事务按计划稳步推进。我有技术知识，但不足以将所有技术融合到一起。这再一次要求我在沟通能力上下功夫，了解别人真实的想法。

其中一项难题是最小化电磁波辐射的干扰，我曾帮助博卡拉顿成功解决过这个问题。但现在问题更加突出，因为我们在开发一款体积小很多的设备。直到 20 世纪 90 年代末，扩频技术问世，电磁干扰的问题才得以彻底消灭。

我们做了大量尝试，经历了无数失败，但我努力将进程引向正确的方向。我们发现，固定主板的一个螺栓的金属领圈可能是引起 EMI 问题的原因。这令人非常抓狂。

我们努力将各类组件恰到好处地放入小空间内，而这些组件会通过波释放相互干扰。如果一个组件改变了尺寸或形状，那么其他组件也必须随之做出调整。即便我们使用相同的组件，线圈缠绕方式的轻微变化，都会导致完全不同的结果。

我们开发了一套“问题追踪”系统，来管理可能随时跳出来的难题。当一个问题出现，我们会给它编上序号，然后输入到数据库。第一步是“开放”问题，下一步则是相关组件或系统的负责团队发声，表明他们已在“解决”问题。当他们找到处理方案，发现问题的一方会“验证”该方案是否能解决问题。问题得到妥善处理后，我们就会“关闭”这一问题。我们就这样，通过“开放”“解决”“验证”和“关闭”四个步骤来管理所有出现的问题。

当然，截止期限是必不可少的。发现问题，而后设定解决的最终期限。在此基础上我们制定日程表，内容包含验证和关闭问题的截止期限。压力与日俱增，我的挑战是追踪所有的日程安排，以确定我们是正在奔向危机，还是朝目标前进。坦白说，这真的难以言表。

为了能完美收官，我给工程师们施加了巨大压力，他们彼此间又相互施加压力。由于对所有人讲“别找借口”，我在 IBM 的风评很差。同时，我也给自己很大压力。就像电影中常说的那样，不成功便成仁。

努力奋斗，着迷于新技术的潜力

由于需求不断，所有人都在加班加点工作。有天直到夜里 11 点，我才从公司打车回家，路上我乘坐的出租车差点儿跟另一辆车相撞。当时有个想法闪过我的脑海，我觉得出事故住进医院并不糟糕，至少我能休息了。我这时才意识到，自己承受了多么大的压力。

那段时间，照顾孩子们的重任基本上落到了我妻子的肩上。当一个孩子或者两个出现问题，我妻子必须独自解决。这些时候我常常都不在她身边，甚至身处不同时区，只能在电话里简短说上几分钟。如果我到海外出差，IBM 只能报销每周三分钟的国际通话费。当时，国际通话费用极其昂贵。

当然，我并非唯一一个如此努力的人。有段时期，在我出差期间，米持健信（Kenshin Yonemochi）主持设计工作。他是大和实验室的二号人物，后来晋升为 ThinkPad 部门产品保障的全球主管。虽然是键盘领域的专家，但他也监管架构设计方面的事务。我返回日本后，听闻他住进了医院。

我匆忙赶去医院看望他。毫不夸张地说，日本企业高管或者工程师会一直工作到生命的尽头，人们管这种现象叫“过劳死”。看到他病情并不严重后，我长长舒了一口气，但他仍然需要住院一周。他每天工作长达 17 个小时，从早上 9 点到凌晨 2 点，每两周才休一天假。

常有人问我，为何如此拼命工作？是有什么特别原因在推动我前行吗？是否出于帮助日本战后复兴经济的夙愿？我当然明白需要提振日本经济，我读过傅高义（Ezra Vogel）1979 年写的《日本第一》（*Japan as Number One*）一书。这本书被公认为西方世界首次承认日本经济大跨步的代表。但我认为，日本的经济并非我努力工作的主要动力，更谈不上对财富的渴望追求。硅谷的许多企业家倒是为财富而奋斗，不过我没拿任何股票期权。

事实很简单，我深深着迷于新技术的发展潜力。在大和，我对每个人都耿耿忠义。我们就像一家人，团结协作，让自己、让 IBM，以及让全世界刮目相看。

不能变成产品的想法，是没有价值的

当时，我们的工作在诸多领域开创了先河：我们针对基本输入输出系统（Basic Input/Output System，简称 BIOS）开发了自己的电源管理算法。用户并不能直观感受到这套算法的存在，但它控制着充电器、外接磁盘驱动器等外置设备。算法开发与我们手中其他工作完全不同，因为算法只涉及软件而非硬件。我们制定了一项基准，来测试电池的寿命周期，这一举动创了行业先例。那时候的行业规格和零部件只适用于台式电脑，没有针对笔记本电脑的产品。我们在定义许多功能和标准方面，确实开创了行业先河，而这些功能和标准在如今看来，已是习以为常的事情。

我们能顺利完成这些工作的原因之一是，大和实验室与承担组件制造工作的日本分包商们工作地点相近，从而能够密集地进行沟通协商。我们在藤泽附近有条试产线，用于试验到底能生产哪些东西。一些专家管这种方案叫“反馈回路”。因为信息能简单快速地反复流动，我们便可不间断地精炼和创新。**对于闭门实验的人来说，不知道所有组件如何生产，不晓得特别设计能否走上生产线，而只顾着谈创造，这是不可能成真的。你可能在实验室里想到了一个很棒的创意，但如果生产线工人不能制造实物，那么你的想法就没那么值钱。**

我们前往藤泽，现场观察工人依照我们的设计生产出来的组件。作为工程师的我们，或许认为打造组件非常容易，但事实上这些组件的尺寸很小，人工很难处理操作。这一切又会导致装配错误，从而必然影响品质。**我们能通过试产线快速得到反馈信息，这远比将试生产放在中国要便捷迅速。**

一些美国的电脑公司日后犯的一个错误就是，将产品设计外包给中国台湾的公司，将产品生产外包给其他国家或地区。联想高管司马睿（Gerry Smith）后来形容这些公司“外包了自己的脑子”，这是他们错过市场向平板电脑或智能手机大转型的原因。他们没有快速做出反应，以迎合消费者的新口味。

决胜时刻，决战北卡

我们尚不能将在日本生产的所有组件打造成一台完整的产品，但最终还是认为，已经做好了在北卡罗来纳开启大规模量产的准备，能在 1990 年秋如期交货。北卡罗来纳的生产线之前是为 IBM 制造显示屏的，我想是时候动身前往那里了。我非常期望能如期为哈佛商学院提供便携式 PC，我到那里，就是将所有人在软硬件方面付诸的努力，融合成一台完整产品。

但我很快发现，尽管我们在日本完成了初步工作，但北卡罗来纳的试生产却无法进行，各个组件不能很好地组装到一起以制造出完整的产品。生产线停摆当然是非常糟糕的事情，这迫使我们要对产品和组件的规格进行调整。如果产品无法投入生产制造，就必须要重新设计，这会耽误宝贵的时间。

伴随着停工事实，另一个问题浮出水面。这是我们首次使用西部数据公司的芯片组，因此需要与他们保持密切合作。贾斯汀 · 麦卡锡（Justin McCarthy）已到大和工作两年之久，我们对他非常了解。麦卡锡年长我 15 岁，我将他视为良师益友，常与他周五晚上一起喝酒，听他讲自己多姿多彩的生活经历。我们信任他，因此请他前往南加州，负责与西部数据公司合作的事务。麦卡锡是 IBM 资深员工，他坐镇加州，我驻守罗利市，反复更迭很多版本后，我们终于找到了能让芯片组与机器其他组件融合的方法。

此外，这是北卡罗来纳生产线的工人们首次在不到 1 毫米的容差下制造产品，更确切地说是 5/127 英寸。所谓容差，就是各个组件之间允许的安装间隙，容差越大，组装就越容易。

但因为必须将海量元件和组件塞进极小的空间内，我们必须使用极苛刻的容差。如果我们拥有经验丰富的工人，或许能在生产上加快速度，但现实是大批工人刚入职不久。因此，我们不仅要处理设计问题，还要应对工人技术不熟练的局面。

检查员会将不合格的产品贴上红色标签，这是失败的可视化表现。造成产品不合格的原因，有时是工人的失误，有时则是组件不匹配。看到红色标签着实令人厌烦。

每当看到这些红色标签，我都会努力分析出错的原因。是元件组合的方式存在问题，还是安装工人操作失误？当我发现一个非常普遍的操作失误时，就会走上生产线，告诉工人："你们应该这样做，不能那样做。"一旦我开始做，就没有退路了。我正在填补原本必须补好的真空地带。

我甚至尝试着自己去解决问题，比如（电源）线圈能量泄漏，这会导致软盘驱动器磁头无法正常工作。我拿自己的瑞士军刀切了一片铝箔，试图阻止能量泄漏，但没有成功，这令我非常失望。

时间一天天、一周周慢慢过去。这是我人生中最艰难的时刻之一，我的团队也为此付出巨大。除夕前一天，我发现了一个问题并希望能快速解决。我记得那天我从罗利市给远在日本的米持建信打电话，由于时差关系，日本正是除夕当天早上。我给他发了一份传真，内容是出现的一些问题。当然，他必须返回办公室收传真。实质上，我在要求他除夕夜回去加班。日本人不庆祝圣诞节或者感恩节，因此鲜有节日能让家庭欢聚一堂。除夕便是日本千万家庭最看重的节日。除此之外，我在传真中还明确表示，问题必须在第二天处理完毕。米持建信将所有人叫回办公室，日本研发团队整个假期都在加班加点。

强迫团队假日工作，我感到非常抱歉，但随着时间跨入1991年，我们承受的压力变得越来越大。我感觉是在为大和实验室而战斗，为我们在IBM内部打下一片天地，为摆脱博卡拉顿或者罗利市的研发团队的影子而战。

这个时候，我接到了麦卡锡从西海岸打来的电话。

“你怎么样，内藤君？”他问。

我知道，美国人这样问并不是真想听你的详细解释，他们希望听到“很好”“很棒”等此类简短的回答。但我决定告诉麦卡锡实情。

“我觉得我快死了。”我告诉麦卡锡，没有掺杂一丝情绪。

“好吧，看看窗外北卡罗来纳州的松树，”他回答道，“你不必担忧木材不够而做不成棺材板。”

我知道他在努力逗我笑，让我振作起来。我强颜欢笑了一下，但仅此而已。

1 月，我们尝试再次启动生产工作。工人们三班倒，生产线日以继夜地开着。工人到点后打卡下班，但我必须要向下一班工人问好，并告诉他们前一班中出现的问题和注意的事项。我没有时间返回酒店休息，尽管 IBM 给我订了三角科技园的万豪酒店。我在生产车间的阁楼上找了个会议室，这里能透过玻璃墙俯瞰整个生产线。这间会议室原本是向贵宾们展示显示终端的制造线的。

博卡拉顿实验室派来的代表马克·科恩（Mark Cohen）说，有天晚上他看到我睡在地板上，脑袋伸进了敞开的公文包里。我解释说，我必须打开公文包，这样脑袋能躺在里边的文件上，这要比公文包的外壳软和得多。最终，有人给我拿了个睡袋，并且搬了个沙发，终于，我能安稳地睡上几个小时了。我的同事们认为我根本不需要睡觉，但实际上那是因为他们没发现我的“秘密基地”。我每隔两到三天洗一次澡，那时我会匆忙赶回万豪酒店，这也是我在房间里干的唯一一件事。在这难得的休息空隙中，我会打开收音机，努力捕捉有关日本的新闻。这种生活方式一周七天，持续了两个月。与身在日本的妻子通电话的时间也很短，那个年代，还没有电子邮件和 Skype。

科恩和其他博卡拉顿的员工努力讨哈佛商学院的欢心。他们租了一架飞机，定期带着一些我们认为能运行的机器从罗利飞往波士顿。我们希望麦克法伦和其他人能看到我们取得的进步。我们把机器交到学生手上，并从旧设备中导取数据到新机器中，但一些新机器就此出现了故障。这简直是一团糟。

我们继续攻克一个接一个的难题。就如管弦乐队的不同乐器最终合凑出天籁之音，我们最终获得批准，于 1991 年 3 月 13 日正式出货。这意味着 L40 SX 获得了 IBM 所有部门、所有层面的最终认可，特别是产品质量保障方面人员的同意。我们可以大批量向哈佛供货了。巧合的是，那天正赶上我生日，得知消息的罗利同人们自发地为我唱起了生日快乐歌。

之后，同事们给了我一些东西，说这些是“生日礼物”。事实上，这些都是研发过程中不合格的组件。每个人都将这些组件储存起来，就为等待这一刻。比如，其中一件是个小壳子，用来遮挡软盘驱动器的插槽。我已经筋疲力尽，开不起玩笑了。我祈求他们不要再给我任何这类组件，我可受不了这种提醒我曾经失败的事情。

我们成功了。我们打造了 IBM 首款电池驱动的笔记本电脑，而且学会了如何将它制造出来，只不过可以说是九死一生。“手提行李”式电脑的时代结束了。“L40 SX 真是好不容易才达到规格，但不管怎样，它终究是达到了。”麦克法伦后来回忆道。L40 SX 比上一代产品体积小、重量轻，而且能够使用电池供电。学生们终于能够扔下行李推车了。正如麦克法伦所言，“IBM 重回赛场”。

ThinkPad创新理念

- 我们有非常不同的“自下而上”的创新风格，从设计到生产的每个步骤都需要协作，这意味着我们必须要有一定的共识，知道自己在做什么。
- 对于闭门实验的人来说，不知道所有组件如何生产，不晓得特别设计能否走上生产线，而只顾着谈创造，这是不可能成真的。你可能在实验室里想到了一个很棒的创意，但如果生产线工人不能制造实物，那么你的想法就没那么值钱。

03

油桃项目：客户只要700C

我们工作辛苦，薪水不高。但从某种程度上来说，那是我们生命中璀璨闪亮的日子。我们有伟大的项目，有巨大的挑战！每个团队积极解决难题，不断精益求精。我们一直在取得胜利，我想，这就是推动我们前行的原因。

我们认为已经解决了打造笔记本电脑时遇到的各项难题，但在L40 SX推出后，IBM并没有扩大销售，也没有进行品牌推广，或者拿出具体的营销计划。我感觉似乎IBM领导层看到我们取得的成就后，就想迅速打造一个包含更多IBM自家技术的新版本，而不是仅仅集合其他公司的技术。公司内部以及设计部也有一些批评声音认为，L40 SX的外形吸引力不够。诚然，外形不是我首要考虑的事情，我只想证明产品能被设计和制造出来。

因为设计问题，IBM请来旅居意大利米兰的德国设计师理查德·萨博（Richard Sapper），让他负责新版本产品的设计工作。在公司开始经历亏损时，高层特别渴望打一场胜仗，而且决定要积极推广新产品。

IBM日本的高管们似乎把我打造L40 SX的功劳，当成了准许大和实验室主导开发这项重要新品的理由。我无法看到高我数个级别的管理层发生了什么事，但高级副总裁和部门主管之间的内斗、耍手腕一定非常激烈。

我们打算管这款新笔记本电脑叫700C，它比L40 SX更轻、更小，拥有更强劲的处理能力和电池续航能力。打造L40 SX的过程如炼狱一般，我对我的团队和我自己都非常有信心，甚至有点儿自信过了头。

项目代号是“油桃”，取一个水果名字其实与实际项目没有丝毫关系，只不过我们喜欢为项目定一个代号。我们已经可以采用10.4英寸彩色薄膜晶体管（Thin-Film-Fransistor，以下简称TFT）液晶显示屏。这些显示屏由我们与日本东芝组建的一家合资公司Display Technology负责生产。700C中的“C”代表了“彩色”（Color）。我们不知道有多少比例的700C会搭载彩色屏幕，也不晓得市场是否能接受。

如今，彩色LCD已十分普通，但在当时却是个稀罕物，而且价格昂贵。现在回想起来，彩屏的出现改变了人们对设备的感知方式。不过说出来可能会令人震惊，当时我们并不确定市场是否会接受彩屏。我们认为它过于昂贵，消费者可能不会买账。当然，随着时间的推移，成本大幅下降，市场反馈特别好。

我们与英特尔密切合作，制造了IBM版英特尔486芯片。我们的版本代号为“比米尼”（Bimini），象征着拥有比英特尔上一代386芯片更先进的技术。摩尔定律已近乎成为事实——早在1970年，英特尔联合创始人戈登·摩尔（Gordon Moore）就预测，微处理器性能每18个月到24个月就会翻一番。我们正处在这一变革之中。

我们要在IBM自己的芯片设计基础上开发系统，因此首要任务是研发自己的芯片组。这是我们首次尝试开发整套笔记本电脑芯片组。之所以需要芯片组，是因为当时主存储器和芯片还没有集成显示控制器、内存控制器等所有功能，而这些控制器是电池驱动笔记本电脑正常工作的必要条件。所以，我们必须在主芯片周围放置拥有这些特殊功能的其他芯片。

为了节省时间和财力，我们拿此前针对日本市场研发的芯片组作为突破。这款芯片组代号为“香料”，是为日本市场其他产品而做。时任芯片组研发部门的技术负责人田保光夫（Mitsuo Tabo）提醒我说，全新芯片组应该叫“香料2”，因为它是由第一代“香料”进化而来的。我们觉得，为每款芯片取一种香料代号，简直是非常聪明的法子。显示控制器代号为“肉桂”，CPU中的时钟单元为“薄荷”，内存控制器是“月桂”，外设控制器是“甜胡椒2”，低功率小型计算机系统界面控制器为“罗勒”，电源管理和系统管理控制器为“生姜”。IBM日本负责打造其中四款，精工爱普生公司（Seiko Epson）基于我们的设计，制造“薄荷”与“甜胡椒”。这种模式比单纯从西部数据公司手中购买芯片组拥有巨大优势。

然而，尽管我们在为芯片组起名上很是巧妙，但这毕竟是我们第一次为笔记本电脑打造芯片组。根据经验，我们肯定会遇到难题。（多年后，IBM 卖掉了芯片业务，相关产品全部依赖英特尔。随着英特尔处理器越来越精密和集成化，它们逐渐吸收了芯片组的功能。）

另一项重要决定和色彩相关。当时绝大多数计算机的外观都是白色或灰褐色，但理查德·萨博下决心使用黑色。他和 IBM 工业设计团队找到我，说要将机器做成黑色。萨博的设计风格是外表看上去非常简约，或者乍看上去是这样，而且他偏爱用黑色来强调简约。但接触过萨博设计的一些人，就会震惊于他口中的“关节”概念，也就是产品能提供多少种不同的复杂功能。为了强调效果，他喜欢在接触点使用红色。因此，萨博设计的许多产品都是黑色中用红色强调风格。

与此同时，我们做出一个重要决定：引入日后成为 ThinkPad 标志的小红点 TrackPoint。TrackPoint 由 IBM 美国阿尔马登（Almaden）实验室的特德·塞尔克（Ted Selker）开发，位于键盘上 G、H、B 三个按键的中间。**对于更喜爱使用鼠标来移动光标的人来说，TrackPoint 是一个有争议性的存在，但我们想为用户提供比鼠标更简单、更有效的操作光标方式，让用户在飞机的小桌板上也能使用笔记本电脑**。我们了解到，要在小桌板上使用鼠标，根本没有足够的空间。第一代 ThinkPad 只搭载了 TrackPoint，并没有触摸板，直到 2000 年后，触摸板才问世。

为了能让手指方便操控 TrackPoint，在制作材料和设计上，我们投入了巨大精力。其中一个难题是，人的汗珠会让某些材料变得十分光滑，因此我们尝试采用挤压工艺，为 TrackPoint 打造纹理表面。

萨博决定将 TrackPoint 设计成红色，并开始说服负责企业标识的人员。1995 年晋升为 ThinkPad 设计负责人的戴维·希尔（David Hill）说，企业标识专家们曾告诉萨博，TrackPoint 不能使用红色。原因是，主机背部的紧急关机键就是红色，他们不希望给消费者造成困惑。

“你一定是在逗我。”萨博回应说。

为了说服这些反对者，萨博将 TrackPoint 设计为品红色，并定下了一个正式代号：TP333。企业标识部门对此表示满意。然而，随着不断改良，每次 TrackPoint 设计更迭时，萨博都将它的颜色改得更偏正红色一些。当企业标识部门人员提出抗议时，萨博总是回复，这个颜色没错，因为它的代号是对的——TP333。最终，TrackPoint 的设计变成了正红色，萨博巧妙地取得了胜利。

红色 TrackPoint 很快成为 ThinkPad 最引人注目的设计特点之一。萨博设计的 ThinkPad，外观整体为黑色，红色 TrackPoint 点缀

在键盘中央，成为全球性的视觉标志。这个设计可以和我非常崇拜的保时捷跑车相媲美。

这款笔记本电脑直到发布前夕，才最终定名为ThinkPad。这个名字来源于IBM CEO托马斯·约翰·沃森（Thomas J. Watson）20世纪20年代提出的座右铭：“Think！”后来，“Think”成了IBM的口号，每位新入职的员工，都会领到一个封面写有“Think”的记事本。

在项目接近完工时又出现了另一个问题。东芝找到我们说，他们没办法购买双方合资公司共同打造的10.4英寸彩色显示屏的一半产量了。但这是合同上明明白白写着的约定。显然，他们认为自己无法销售这些彩色显示屏。我们心里也没底，但同意拿下全部的订单。这是场豪赌，意味着我们要生产更多700C，同时也意味着我们是唯一一家提供10.4英寸彩屏的公司。事实证明，这些彩屏正是俘获消费者芳心的技术之一。我们很幸运能提升彩屏的供应量。

似乎一切都为彩屏、性能、重量以及电池续航等方面的跨越式进步而蓄势待发。IBM内部许多部门都为我们努力的目标做出了贡献，这跟我参与L40 SX项目时遇到的近乎混乱的状况截然不同。我们现在是IBM的中心，一举一动都在关注下，而不再是被孤立、被忽视。藤泽、格里诺克以及北卡罗来纳负责新产品的生产任务。多亏在L40 SX上学到的经验教训，生产对我们而言，已不再是严峻的挑战。

赶走机器里的幽灵

我们完成 700C 原型机开发工作后，感觉胜利近在咫尺。1992 年年初，进入最终测试阶段。距离“执行”生产任务只剩下大约三个月时间，不成功便成仁。

但是有一天，我们注意到电脑开始卡壳，并停止运转——死机了。当我们一遍遍运行屏幕动态程序对系统进行压力测试的时候，就会出现死机，而且发生时刻没有任何规律可言，这为确定问题原因带来不小难度。如果是有规律地出现，我们还能找到答案，但死机情况明显是随机发生的，两到三天才会出现一次，就好像机器里住了一只“幽灵”。

我们开始使用数据监测仪，来记录芯片组发出的不同信号级别。监测仪配有铜线，我们将铜线与芯片组连接。根据经验，我们知道不同信号形态意味着不同的特定事件发生。但监测仪也有局限性，它的内存有限，无法长时间监控信号形态。另一个缺陷是，它能“听到”芯片之间的交互形式，却“看不到”单个芯片内发生了什么情况。软件、芯片设计以及电子工程等三支重要团队，积极着手解决这一问题。

我们没探测到硬件方面存在任何问题，因此我断定症候出在软件上。我和软件团队进入危机模式，努力弄清问题根源，并寻找解决方案。那段时间我们几乎不睡觉。

到现在为止，我已然学会了如何在少睡或者不睡的情况下埋头工作。有很多夜晚，我只在办公室睡上一两个小时，而且几乎每晚11点过后才回家。如果我赶火车回去，我太太会开车到车站接我，但她从没有怨言。我每周只有两天自己开车上班，因为大和实验室地处小镇的生活区，停车位实在有限。如果错过了末班火车，我会打车回家。

不管何时以及怎样到家，我都要吃些夜宵、洗个澡，然后上床睡觉。当然，那时候孩子们早已沉沉入睡。我通常早上7:30起床，然后与孩子们待上几分钟，但很快就到了分别时间，他们去上学，而我去工作。我太太会驱车送我赶火车。

1992年，我女儿14岁，儿子也7岁了。当我结束这10年来极度紧张的工作模式后，我的孩子们已经长大成人了。多年后妻子告诉我，因为缺少我的帮助，她在解决孩子们面对的一些重要课业难题上非常吃力。她说孩子们是在没有我的陪伴下成长起来的，不过语气里没有丝毫怨恨。相比之下，我母亲的抱怨就要激烈多了，因为我不常去看望她，也很少写信问候。我在这里向那些因我的工作而受影响的亲人们道歉。我意识到，为我工作的每个人也付出了类似的感情代价。

然而，我认为那些日子并不糟糕。是的，我们工作辛苦，薪水不高。但从某种程度上来说，那是我们生命中璀璨闪亮的日子。我们有伟大的项目，有巨大的挑战！每个团队积极解决难题，不断精益求精。我们一直在取得胜利，我想，这就是推动我们前行的原因。这在

我们生命中不是完完全全的坏时光。

时间嘀嘀嗒嗒地流逝，软件团队和我仍在寻找 700C 芯片组中的“幽灵”。我们通宵达旦工作了一周，然后是两周。芯片组设计团队负责硬件而非软件工作，他们了解我们的问题，分析测试结果，但并没有整晚熬夜工作。

拖延了两周多后的某一天，芯片组设计团队突然发现“甜胡椒”芯片中存在结构缺陷。我们在设计上犯了错误。现在我要与芯片组设计团队一起开夜车，软件团队可以暂时喘口气了。

乍一看，硬件问题是极坏的消息。如果软件方面出现错误，我们重写几行代码就能搞定。但硬件问题意味着必须改变芯片生产程序，如果供应商已经启动生产线，那会消耗更多的宝贵时间。我们当时就面临这样的情况，精工爱普生已经在生产我们设计的芯片了。

但幸运的是，精工爱普生拥有他们称之为“快速反转”的生产线，能够快速解决问题。我们重新赶上进度，赶走了这只“幽灵”。再一次证明，与深度合作的供应商比邻是非常符合逻辑的。

发布“最有价值产品”

在这场灾难过后，所有进展都一帆风顺。ThinkPad 700C 搭载 4MB 标准内存，支持微软 Windows 3.1 操作系统，电池采用镍氢电池，与汽车所用电池非常相似。与当今的电池相比，这款简直是原始社会产物，但它能在充满电后驱动电脑运转3小时20分钟，对于当时来说是非常久的了。硬盘驱动器插槽位于机身前侧右下方，用户可以在乘坐飞机时取出或插入硬盘。如果将它放在机身侧面，会造成很多尴尬。

1992年4月，IBM面向行业发布了ThinkPad 700C的开发者版本。在为ThinkPad宣传造势期间，IBM使用了很多奇思妙想，包括夏天时送给正在发掘古埃及城市莱昂托波利斯（Leontopolis）的考古学家一台ThinkPad。埃及酷热难耐，而且漫天灰尘，但考古学家表示，ThinkPad“够坚固，能在埃及这样恶劣的环境下正常工作，还不需要特殊护理”。

1992年10月，完美打造L40 SX 18个月后，IBM在曼哈顿的总部举办了新品发布会，面向大众推出ThinkPad 700C。

IBM没有要求我出席发布会，这甚合我心意。许多职位高我很多的管理层人士到了现场，与媒体打交道是他们的职责。**日本文化不鼓励我们出头，或者炫耀自己取得的成就。其他人能看到你的所作所为，结果会不言自明。我知道自己的成就，同事们知道我的付出，这就是我的全部期望。**

当时，没人晓得哪款笔记本电脑会受到市场欢迎，也不知道能拿下多少市场份额。时任美国副总统的阿尔·戈尔（Al Gore）提出了“信息高速公路”，但当时互联网还未真正腾飞。

1992 年，IBM 再次出现亏损，人员处于“调整”状态，很多人失业了。日本员工都非常震惊，因为传统上我们认为，公司有责任提供终身岗位。12 月，IBM 将硬盘驱动器业务卖给了日立，这显然标志着 IBM 退出了制造业务。根据 IBM 的档案，到 1992 年年底，公司员工已从上一年的 344 396 人下降到了 301 542 人。母舰似乎正在下沉，但 ThinkPad 像是我们能够追随的那束亮光。

ThinkPad 20 周年之际，媒体以后见之明的形式解读当年的情况。下面是 Verge 网站的戴维·皮尔斯（David Pierce）讲述的 1992 年 11 月 IBM 在拉斯维加斯 COMDEX 贸易展推出 700C 时的经历：

> 700C 很快成了舞会上的耀眼明星。这台重 2.5 千克的设备配有 10.4 英寸 TFT 屏幕，拥有市场闻所未闻的显示能力和基本功能。这台售价 4 350 美元的机器支持移动硬盘驱动，并且搭载了前置软盘驱动器，能让你避免胳膊肘碰到飞机上的邻座乘客。同时它还有其他一些当时令人印象深刻的强劲性能。IT 行业杂志 *PC Computing* 授予 700C 年度“最有价值产品”称号，称其“凭借速度、美丽、坚固、实用，当然还有优雅，脱颖而出”。
>
> 每个人似乎都认同 *PC Computing* 的说法。*PC Maga-*

zine 评论员称“这是我迄今用过的最棒的笔记本电脑”，而且几乎所有人的评论都大同小异。但更重要的是，700C 立刻成为热销产品，需求量极高。时任 IBM 亚洲区个人系统部门的总经理鲍勃·奥马利（Bob O'Malley），告诉《电子商业杂志》（*Electric Business Magazine*）编辑彼得·戈尔登（Peter Golden），有一个很大的标志性转变，那就是技术部门忽然做不了购买笔记本电脑的决定了，CEO 们都在说：“我要这个，其他不行。”ThinkPad 将 IBM 带到了能大展拳脚、拓展自家所有业务的地方——企业高级管理层的办公室。

皮尔斯引用我朋友兼上司彼得·霍腾休斯的话说，700C 最终满足了用户需求，“ThinkPad 证实了自己一直努力的方向，它真的可以解决用户难题。一个能读看的屏幕，一个能输入的键盘，一个能进行操控的小红点……ThinkPad 是首批体积小巧的电脑之一，它激发了市场的巨大热度”。

“销量、市场份额以及 IBM 的股票都在飙升，”皮尔斯继续写道，“由于700C销量高、口碑好，ThinkPad几乎立该成了一个响亮的品牌。”

ThinkPad甚至风靡了美国白宫。乔治·赫伯特·沃克·布什（George H.W. Bush）认识 IBM CEO 约翰·埃克斯（John Akers），两人是耶鲁大学校友，都是美国海军战斗机飞行员出身，不过他们服役的时期不同。1992年12月18日，布什总统致电埃克斯，为妻子芭芭拉求购一台ThinkPad，当时第一夫人正要写一本有关爱犬米莉的书。

那天是圣诞周前的星期五，埃克斯已经下班，返回楠塔基特岛（Nantucket）陪家人欢度假期去了。埃克斯的行政助理迪安·斯潘塞（Deanne Spencer）绞尽脑汁思索如何回应美国总统的请求。她跑到大厅，将情况告诉了埃克斯的年轻助手吉姆·斯蒂尔（Jim Steele）。

“吉姆，你得接这通电话，”斯潘塞说，“总统打来的，他需要帮助。”

当斯蒂尔拿起电话后，布什总统觉得无需再次介绍自己，他直奔主题：“嘿，我一直读到有关ThinkPad的新闻，我想买一台作为芭芭拉的圣诞礼物。但是都售罄了，你能给我弄一台吗？”

“没问题，总统先生，我们会送一台ThinkPad到白宫，”斯蒂尔自信地承诺，“您能在圣诞节准时收到。”

布什总统说不希望占任何便宜，他会寄一张支票来。“我本可以免费送他我那台ThinkPad。”斯蒂尔后来回忆说。

斯蒂尔给IBM PC事业部总经理吉姆·卡纳维诺（Jim Cannavino）打电话，向他说明了情况。卡纳维诺直接从罗利市的生产线上拿了一台最新组装好的机器，送到了白宫。IBM员工知道白宫收到了Think-

Pad，知道它将接受安全检查，但从未期望能得到总统的亲自回复。

圣诞节过后数天，斯蒂尔收到了布什总统的贺卡。这张贺卡上的文字是圣诞节前夕写的："芭芭拉会为圣诞礼物激动的，谢谢你们的安排。圣诞快乐，乔治·布什。"贺卡内还有一张付款支票。

这就是 ThinkPad 正式发布短短数月内展示出的影响力。它成了总统、CEO 们的身份象征，即便这些人并不精通计算机。在那一刻，ThinkPad 似乎有足够能力，将 IBM 从一副老古董的形象，转变为朝气蓬勃的样子。

直到我看到这些赞扬、听闻这些故事后，才理解了我的团队和我取得的成就。第一代 ThinkPad 在很短时间内赢得了 300 多项大奖。但没有时间让我们沾沾自喜，就好比我们在一场持久战中打响了第一枪。**激战正酣，没有休息的时间，更没有吃老本的条件。**

ThinkPad创新理念

○ ThinkPad 一直努力的方向就是解决用户难题，一个能读看的屏幕，一个能输入的键盘，一个能进行操控的小红点……

04

赢得NASA的信任，ThinkPad飞向太空

How the ThinkPad Changed the World and Is Shaping the Future

小红点让 ThinkPad 成为用户友好型产品。鼠标在太空中是无法工作的，因为它会飘来飘去。虽然小红点也不能在太空中完美操控，但如果宇航员的手按住 ThinkPad 一边，小红点就可以在更小用力的情况下得到较好的操控，这点是其他任何接口设备都无法比拟的。

1993年12月，“奋进号”（Endeavour）航天飞机从肯尼迪航天中心发射升空，执行哈勃空间望远镜维修任务。当时，“奋进号”上就携带了一台ThinkPad。发射前最后一刻，NASA的一位年轻天体物理学家约翰·格伦斯菲尔德（John Grunsfeld）突发奇想，将数千张有关哈勃空间望远镜各个组件的图片上传到ThinkPad中。

宇航员在太空行走时，不会真将ThinkPad带出舱外，但他们能够在舱内查阅图片，为出舱修复工作做准备。或者，舱内的宇航员查阅图片，然后与舱外太空作业的同事们沟通交流。“奋进号”的任务是为哈勃空间望远镜安装全新主摄像头，并修正光学套件。这必须由人工近距离完成。

更具体地说，格伦斯菲尔德想看看笔记本电脑是否能在太空中存活。“奋进号”曾使用过其他类型的IBM计算机，来管理航天飞机的整体操作，但这是首次使用小尺寸且搭载英特尔最新486处理器的笔记本电脑参与太空任务。486处理器的体积较上代产品更小，因此一些专家认为，它可能在太空辐射下更易损坏。

众所周知，太空中一大危险因素就是辐射，对宇航员和设备危害极大。太空中大约有30种不同类型的辐射，其中一些相对没有危害。当轻微辐射穿过宇航员的身体和设备时，不会产生持续性影响。当辐射穿过视神经时，宇航员是知道的，因为辐射会导致视野内出现眩光。进入太空越深，辐射带来的影响自然就越严重。当时，哈勃空间望远镜在距地面648千米的太空中，换言之，它比当前国际空间站的位置还要远160公里。

含有大量粒子的辐射对ThinkPad来说非常危险。当粒子撞击计算机内部的半导体组件时，会在半导体材料上形成通道。这会引发专家所称的“翻转”（Upset），其中一项就是“位翻转”（Bit-Flip）。如果辐射撞击芯片，会将计算机1-0-1-0的二进制代码翻转为0-1-0-1。这显然极其糟糕，因为将会导致所有数据损毁。此外，辐射还可能导致笔记本电脑起火。记者们拿这点开玩笑，*Government Computer News*的一名记者写道，NASA希望计算机不要“油炸飞机”。来自《迈阿密先驱报》（*Miami Herald*）的一名记者称ThinkPad是“天竺鼠”[①]。

① 主要用于实验。——译者注

12 月一个晴朗的清晨，重达 113 吨的“奋进号”于早上 4:27 在佛罗里达州如期发射。ThinkPad 最初几天一切正常。“奋进号”此次任务编号为 STS-61，意思是航天飞机执行的第 61 次任务。哈勃空间望远镜的维修和调整工作进展顺利，宇航员们不需要使用 ThinkPad 查阅图片。

11 天的太空任务过半后，航天飞机飞行员肯尼思·鲍威索克斯（Kenneth Bowersox）尝试开机，但 ThinkPad 没有任何反应。他判断由于受到辐射，设备损毁。猜测结果显而易见：ThinkPad 无法在太空中存活下来。

赢下 NASA 的大订单

因为我年少时就对天空充满兴趣，所以 1992 年 9 月的一天接到安迪·克劳斯曼（Andy Klausman）的电话时非常激动。克劳斯曼是 IBM 与 NASA 的联络官，这是我第一次与他通话。第一代 ThinkPad 上市后，他一直听人提起我们大和实验室取得的成就。“奋进号”正式发射日期定在了 10 月份。

克劳斯曼很激动，语速特别快。他解释说，将笔记本电脑送入太空，需要它能经受住数倍重力（G）。笔记本电脑在地球上需要经受 1G 的重力，但在发射升空的过程中，需要承受 3 倍到 4 倍的重力，进入太空后则要在失重环境下正常运行。我们能做到这点吗？我对他说的话没有任何概念，因为他语速极快，而且我对字母“G”代表“重力”有点儿陌生。他的意思是，ThinkPad能否承受住发射和失重的考验。

当我终于搞清楚他的意思后，我告诉他不能。我们从未针对特殊需求测试过ThinkPad。为什么要这样做？没必要嘛。我们从没幻想过ThinkPad要在地球以外的环境中运行。

我首先担心硬盘驱动器能否在太空中正常工作。原因是：如果你是上了年纪的人，就会记得唱片机，这要追溯到MP3播放器或iPhone之前的时代。唱片机的音响系统通过唱针“读取”唱片刻槽内的电子音频信号来播放音乐。硬盘驱动器与唱片机工作原理类似。就如唱针轻轻飘浮在唱片上一样，硬盘驱动器读写磁头也需要一定量的空气和重力，才能维持与磁盘正确的位置关系。

我们拿了一台700C原型机到博卡拉顿实验室进行测试。克劳斯曼从得克萨斯州的休斯顿市飞来取走了这台700C，向约翰逊航天中心的NASA联络官推介这台机器。“当他们看到700C时，叫道，‘哇，我们必须得谈谈’。”克劳斯曼回忆说。看到体积不大的ThinkPad真机，还是非常震撼的。

克劳斯曼出身软件工程师，现在仍在航天领域工作。他一直参与航天飞机的飞行软件开发工作，因此深知NASA的想法。NASA使用了 5 台 IBM 的 AP-101 系列关键任务航空计算机，来控制航天飞机的飞行和机载系统。与此同时，AP-101 系列计算机还用在 B-52 和 B-1B 战略轰炸机上。

IBM 还制造了 NASA 称之为“数据电子单元”（Data Electronics Units）的设备，为宇航员显示飞行信息。但过去多年来，在非关键计算设备方面，NASA 一直使用 GRiD Compass 计算机。虽然 GRiD Compass 的产品也称得上是“便携式”，但体积是 ThinkPad 的两倍。最初的机载计算机是由 GRiD Systems 公司制造的，运行的也是他们自主研发的操作系统，而且需要专门定制软件。这些计算机不支持电池供电，搭载的橙色电致发光的平板显示屏都难以让人看清屏幕上的信息。简言之，GRiD Systems 公司没能跟上新技术迅速发展的步伐。“NASA 想做很多事，但没法通过 GRiD 的计算机实现。”克劳斯曼说。

最终，GRiD 商场折戟，被 AST Research 公司收购。这一切倒是为我们创造了机会。

小红点打动“狩猎采集人”

克劳斯曼在 NASA 内部的主要联系人是约翰·格伦斯菲尔德，一名预备航天员，刚从加州理工学院飞抵休斯顿。后来我发现，格伦斯菲尔德有着惊人的背景。他毕业于麻省理工学院，拥有物理学学士学位，后来又在芝加哥大学拿下了物理学博士学位。他的博士论文内容是在“挑战者号”（Challenger）航天飞机上进行宇宙射线试验研究。随后，他加入加州理工学院，担任物理学、数学以及天文学方面的高级研究员。格伦斯菲尔德了解这些不同学科之间的共通点，这使他能够深度研究不断延伸的空间探索领域。目前，他在宇航员办公室下属的任务支持部门工作。宇航员办公室是维系宇航员与NASA庞大的分支部门的重要纽带。格伦斯菲尔德将自己看作“狩猎采集人”，职责是搜寻民用领域的最新技术，然后快速将其应用到航天领域中。

在加州理工学院时，格伦斯菲尔德和其他科学家们使用美国国家科学基金会网络（National Science Foundation Network，以下简称NSFNET）来寻觅新技术。美国国家科学基金会是美国政府的一个部门，他们建立网络，将学术机构的研究员互联起来。科学家们可以浏览全球研究机构发表的最新研究论文。互联网很大程度上起源于美国国防部建立的阿帕网（Advanced Research Projects Agency Network，简称ARPANET）。但阿帕网并非唯一的网络，加上NSFNET以及其他网络设施，它们最终融合形成了互联网。不过在20世纪90年代初，互联网速度仍然很慢。1989年，美国在线服务公司（America Online，简称AOL）推出在线通信服务，但仍通过电话调制解调器拨号上网，十分不方便，而且计算机运行速度过慢，互联网没有形成巨大吸引力。

但格伦斯菲尔德在加州理工学院见证了计算机网络的强大，他是互联网的坚定支持者。然而，作为研究机构，NASA尚不能接受这幅未来愿景。这真是讽刺，一家高度依赖科技的研究机构竟然对计算机抱有怀疑态度，至少最初是这样。格伦斯菲尔德回忆说，他“对NASA视计算机为无关紧要的装备感到极为震惊”。NASA管理层对计算机应用极为谨慎，尤其是1986年“挑战者号”航天飞机失事以后，他们认为宇航员不需要计算机。主流观点认为：“宇航员在没有电脑的情况下都完成了‘阿波罗’计划，为什么现在就需要了呢？”

因此，宇航员办公室只能使用最原始的Email沟通。“大概6到8个人合用一台英特尔286电脑，”格伦斯菲尔德解释说，“我们合用一台电脑发邮件。”鉴于格伦斯菲尔德的背景，他很快就成了任务支持部门的重要IT专家。从我们的角度看，格伦斯菲尔德是合适位置上的绝佳人选。

格伦斯菲尔德决定要送一台现代化笔记本上太空，他考虑了很多品牌和型号。最终，ThinkPad吸引了他的目光，因为它拥有小红点。格伦斯菲尔德明白，在太空中，鼠标是无法工作的，因为它会飘来飘去。虽然小红点需要人施加压力使用，但也无法在太空中完美操控，因为如果宇航员用力按下小红点，他们的身体就会浮起来飘走。宇航员的手按住ThinkPad一边，小红点就可以在更小用力的情况下得到较好的操控，这点是其他任何接口设备都无法比拟的。

从1992年到1993年年中，克劳斯曼一直与格伦斯菲尔德等人洽谈ThinkPad上太空的事宜。很明显，NASA对ThinkPad有兴趣，因为ThinkPad机身大部分使用碳复合材料，其他品牌的笔记本电脑则采用金属材料。NASA认为，当笔记本电脑在空间狭小的乘员舱发生短路时，碳材料不会融化或者燃烧。任何此类事故都会对宇航员生命构成严重威胁。事实上，很少有人知道，NASA真的烧了一台ThinkPad来测试是否存在有毒气体。结果他们没有发现有害物质。

另一项担忧是，笔记本电脑内部金属材料的微观粒子。在正常的地球环境中，这些金属粒子从不移动，没人会意识到它们的存在。但NASA科学家和工程师们担心，在低重力条件下，这些粒子会散播，从而引起机器内部短路。因此，他们坚持在笔记本电脑内部使用绝缘涂层材料，以确保万无一失。

还有一个问题是笔记本电脑的散热。在太空与地球两个环境中，笔记本电脑的散热方式不同，因为太空中没有重力将热风带走，因此我们必须确保风扇能防止ThinkPad过热。但除了相对较小的改动外，NASA想要的是与我们为地球制造的ThinkPad一模一样的机器。它们希望购买“现成”的计算机，而不是自己开发，以避免无底洞式的研发投入。此外，NASA钟意的笔记本电脑，能让宇航员飞行训练时在桌子上练习使用。

最初，ThinkPad 得到进入航天飞机的机会源于一项提议，也就是在轨飞行时宇航员使用笔记本电脑练习着陆。此前飞行中存在一个问题，即在航天器两周的在轨飞行期间内，指挥官没有机会练习着陆，可能会让技术有些生疏。

ThinkPad 的优势在于高屏幕分辨率，这是其他便携式设备无法企及的。我们认为，我们能够模拟指挥官操控飞机着陆时的窗外场景，而且模拟画面是彩色的。

我们一直与 NASA 沟通对话，他们则不断测试我们的机器。当克劳斯曼向 NASA 展示 700C 时，我们已开始研发 ThinkPad 的换代机型了。下一款 ThinkPad 型号为 720C，而后是 750C。其中，750C 搭载英特尔 33 兆赫的 486SL 处理器。这款芯片能更好地与其他系统兼容，拥有更强劲的处理能力。我们一直鞭策自己，要在笔记本电脑领域取得成功。哈佛商学院曾刺激我们打造出了 L40 SX 和第一台 ThinkPad，同样，让 ThinkPad 登上航天飞机的愿景，也驱使我们异常努力。

大和实验室一直与克劳斯曼密切合作，最终见到了成效。NASA 官方宣布订购 750C，但只限于包括着陆练习在内的训练任务使用。我担忧的硬盘驱动器在太空中不能工作的问题并未出现。航天飞机发射升空阶段，ThinkPad 要承受 2G 或 3G 的重力，宇航员实际上是不会使用 ThinkPad 的。此外，ThinkPad 只在密封舱内使用，在这些条件下，硬盘驱动器运转完美。

真相时刻，750C 在太空

格伦斯菲尔德知道，要让 ThinkPad 通过 NASA 的所有认证程序，会耗费大量时间。认证过程会涉及不同的事务委员会和审查委员会，走的流程也非常多。NASA 评估一款“现成”的商业产品时，整个过程就显得更加困难了，因为要对设备进行拆解，分析每个零部件。经常是，NASA 针对一款产品的测试还没结束，这款产品就已经被更新的商业技术取代了。比如，从用于控制飞船的机械式仪表盘到更换为显示屏幕，NASA 走了 20 个春秋。

根据此前的测试结果，格伦斯菲尔德知道，ThinkPad 即便着火，对飞机和人也是安全的。他还知道，ThinkPad 开机运行不会影响航天飞机的计算机和通信系统，因为此前一项单独测试已证明了这点。不过，ThinkPad 没有接受辐射测试。要进行这项测试，需要使用大型粒子加速器，对 ThinkPad 进行连续辐射轰击。

随着发射日期的临近，格伦斯菲尔德看到了机会。“奋进号”机组成员需要携带数千张 8 × 10 英寸大小的哈勃空间望远镜组件的照片上太空。机组人员要对照片分类整理，确定需要带哪些，然后将它们装进自封袋。同时，他们还要建立索引目录，以便能在需要时找到正确图片。比如，更换太阳能电池板，他们必须找到太阳能电池板、电缆和连接器的相关图片。在更换陀螺仪组件时，他们也采用同样的方式。最终，他们选定的图片装满了两大储物柜，这可是巨大而宝贵的财产。“我认为我们真的需要为机组人员提供一款‘杀手级’应用。”格伦斯菲尔德回忆道。

这款“杀手级”应用要能搜索存储在两个当时最大的硬盘中的照片。这两块硬盘能根据需要内嵌在 ThinkPad 中。这项任务十分艰巨，因为当时没有 JPEG 压缩文件技术。在那个年代，人们使用 CompuServe 公司的拨号上网服务，也使用该公司的 GIF 格式分享图片。不过 GIF 只支持 8 比特每像素，按照今天的标准看，这一分辨率非常低。

一天，肯尼思·鲍威索克斯来到宇航员办公室见格伦斯菲尔德。从 1987 年到 2007 年，鲍威索克斯一直在 NASA 担任宇航员，因此声名远扬。在维修哈勃空间望远镜的任务中，鲍威索克斯负责驾驶“奋进号”航天飞机。尽管他并不直接参与维修工作，但他与格伦斯菲尔德想法一样，觉得是时候拥抱新技术了。

找到图片管理方案的时间已所剩无几，鲍威索克斯回忆说：“机组成员太忙了，不可能像那样查找翻看图片。因此我去了宇航员办公室，同格伦斯菲尔德说说这件事。”

“我们带一台 ThinkPad 上天怎么样？”格伦斯菲尔德问。

“我觉得不错，”鲍威索克斯回答道，“前提是我们能得到准许。”

NASA 相关部门尚未完全授权 750C 面向机组成员使用，但格伦斯菲尔德透露，数个关键测试的结果非常乐观。鲍威索克斯向机组提议携带 ThinkPad 上天，得到了他们的支持。最终，ThinkPad 进入正式审批流程，但这需要耗费数年时间。我们的目标很宏伟——尽一切可能，帮助“奋进号”机组成员取得成功。

鲍威索克斯讲述了他带着 750C 进入太空的经历：

> 很多人认为太空辐射对 ThinkPad 来说太强了，之前就曾对 GRiD 的设备造成过严重损害。
>
> 在轨飞行期间，小红点起到了非常好的作用。之前的许多计算机都需要通过鼠标操控。从我们的角度看，小红点让 ThinkPad 成了用户友好型产品，因为在舱内，我们要空手工作。你不必精确地调整好自己的姿势，通过小红点，动动手指就能控制光标。出于稳定性考虑，我们没有使用微软 Windows 系统。在太空中，你会希望确保任何设备每时每刻都能运转良好。我们使用了微软 DOS 6 系统。
>
> 不过问题在于，一旦进入辐射区，计算机会是率先一批挂掉的设备。有些特定区域辐射情况非常糟糕，比如靠近阿根廷海岸的南大西洋异常区，这里的地球辐射带几乎接近地球表层的辐射级别。这块区域的高能粒子会引发大量扰乱情况。
>
> 每隔一段时间，电池组就会出现崩溃，看样子是辐射

在作祟。我们将这种单一事件称为“扰乱”，造成这一切的原因是带电粒子撞击了微处理器，导致设备运转中断。这是随机事件。

在STS-61任务中，我们每天都检查ThinkPad。有一天，这台笔记本电脑挂掉了。单纯按下重启按钮已无能为力，我不得不将ThinkPad拆解检查。似乎是电池组出现了问题。我拆开ThinkPad，取出了电池组和硬盘驱动器。

然后新情况出现了。“当我将这些组件装回去，ThinkPad又能运转了，”鲍威索克斯回忆说，“我非常惊讶。”好像ThinkPad从地府走了一遭一样。

为ThinkPad敞开大门

执行任务期间，750C内存（半导体组件）共遭受辐射袭击85次，但它存活了下来。750C的内存记录了粒子撞击次数以及确切的撞击时间。

1994年2月21日，克劳斯曼发布了一份新闻稿，我们从中节选了一段：

1993年12月，在维修哈勃空间望远镜期间，一台IBM ThinkPad 750C笔记本电脑首次成功飞上太空……针对 ThinkPad 的测试数据超过 202 个小时。返回的数据显示，ThinkPad 内存先后改变 85 次。辐射没能让 ThinkPad 罢工，它完成了自己的任务。

直到“奋进号”返回地球前，只有鲍威索克斯一人知道 ThinkPad 曾经死里逃生。后来工程师们查明事故原因，是辐射影响了 ThinkPad 的电源系统，但不足以造成永久性损坏。最终结果是 750C 在太空中生存了下来。

NASA 对此非常高兴，他们最终为 ThinkPad 敞开了大门，同意在未来航天器上使用 ThinkPad，用来监控有效荷载，并高速传输空间站和控制中心的数据，实现首次双向视频通信。不久之后，身处绕轨飞行器中的宇航员，就能观看到他们发射升空时的视频录像，或者与家人视频通话。来自地面的视频会实时传送到太空中的 ThinkPad 上。

ThinkPad 另一项用途是显示轨道信息。即便从太空中俯瞰，太平洋仍是广阔无际的，因此当宇航员凝视地球时，ThinkPad 在确定具体位置方面发挥了极重要的作用。ThinkPad 显示的地图会随着航天飞机的移动而改变，很像当前航班座椅背部的动态视频地图。

最终，NASA 将航天飞机中的所有 GRiD 计算机换成了 ThinkPad。自 1994 年起，所有载人航天飞行任务中，都会有一台 ThinkPad 相伴。**我们在航天方面的成功，让 ThinkPad 数年后敲开了国际空间**

站的大门。这是科技大融合的黄金时代，我们很庆幸身在其中。

重组的 IBM 与屹立不倒的大和实验室

1993 年 4 月，郭士纳（Louis V. Gerstner）担任 IBM CEO，随即对这家我们深爱的公司制订了史上最“疼痛”，但也许非常有必要的转型计划。郭士纳决定在上一任掌门人埃克斯裁员 4.5 万人的基础上，再削减 3.5 万个工作岗位，这期间只相隔了一年。1993 年，IBM 亏损将近 160 亿美元，裁员显然是无法避免的。似乎是 IBM 没能快速调整，以适应日新月异的新科技。船大难掉头，IBM 太庞大了，企业文化太过保守。

为给留下来的员工提振士气，1994 年春，IBM 邀请鲍威索克斯飞抵纽约萨默斯的总部大楼。克劳斯曼与他一道而来，他们还带上了那台随航天飞机上太空的笔记本电脑。除了现身员工大会，两人还与郭士纳简短地碰了一面。

“大概只有五分钟，”鲍威索克斯回忆说，“我问郭士纳对 NASA 有什么建议。他说，‘我对所有留下的人说，你们是我的人。我必须要照顾你们。我必须要为我的人制定具体目标’。”

这也许是 IBM ThinkPad 发展历程中最有讽刺意味的时刻。比如，克劳斯曼所在的业务部门是 IBM 联邦系统（Federal Systems Company），该部门已在1994年1月卖给了Loral公司，这让以前员工身份重回IBM总部的克劳斯曼感到非常别扭。IBM历史上最激进的重组正在进行中，但我们大和实验室仍然屹立不倒。事实上，我们一直在壮大。

ThinkPad成为NASA主力大军

对于日本员工而言，不可能像参与NASA合作事务的安迪·克劳斯曼及其他IBM员工一样接触到NASA。NASA会根据“需要”来分享给我们信息。过去多年来，我们一直被要求针对ThinkPad创建不同测试并做微调，但我们从未完全了解NASA内部的事情。

现在回想起来，格伦斯菲尔德显然是NASA中“ThinkPad运动”的统帅。作为执行过5次太空任务的元老，他负责领导制订ThinkPad太空应用计划，包括如何让ThinkPad在航天器和国际空间站中发挥效力。格伦斯菲尔德一路晋升到行政助理职位，这是NASA中最高级的岗位之一，负责科研和宇航员事务。

1993年，ThinkPad证明自己能在太空中良好运作后，格伦斯菲尔德首次执行太空任务。1995年5月，他以宇航研究专家的身份参与STS-67任务。此次任务主要是使用三台天基远紫外天文望远镜探索空间深处，哈勃就是依靠不同类别的光观测太空。天基望远镜比路基望远镜观测影像更清晰，因为地球大气层会干扰路基望远镜的视野。STS-67任务中仍使用了部分GRiD计算机，但格伦斯菲尔德说服 NASA，允许他携带 ThinkPad，他想展示两种新用途。

第一项用途是探索一种新方式，让宇航员能直接看到空间望远镜拍摄的画面，而不必将结果传回 NASA 分析。格伦斯菲尔德和同事们通过 ThinkPad 上安装的科学分析软件，对空间望远镜的拍摄数据进行分析。他们能看到望远镜正拍摄的画面。

第二个目标更宏伟。空间望远镜是用星体跟踪器和一款特殊自动化软件来拍摄画面。望远镜的摄像头功能十分强大，可以搜索宇宙中具有特定模式的三类发光恒星，它们能为望远镜瞄准方向提供参照点。根据官方说法，星体跟踪器和软件要能“捕获”目标。各种错误都可能导致目标捕获失败，以致没有任何发现。一些星系的紫外线十分微弱，而且距离地球数十亿光年远。一光年约为 94 605 亿千米，这个距离远超我们大多数人的想象。发现新星系，就如同大海捞针。

上一次任务中，星体跟踪软件的表现没能达到预期，没有发挥重要作用。格伦斯菲尔德想到了一个解决办法。上太空之前，他与约翰逊航天中心的工程师们合作建造了一款电子装置小盒子，用来截取星体跟踪器的数据流。此前，这些数据信息只发给航天飞机中的计算机，而后传回地面，整个过程都是在宇航员无法看到的情况下完成。如今，宇航员可以亲眼看到这些数据了。“我们截取了星体跟踪器的数据，因为我深信，如果自动捕获系统不能正常工作，那么人脑会是非常好的识别器。”格伦斯菲尔德解释说，“我们在

ThinkPad 上运行一个程序，显示要找寻的目标周围的三颗最亮恒星的地图，然后截取 X-Y 坐标，标记三颗恒星的位置。我们有个小操作杆，能够手动控制，来移动、旋转望远镜，直到它与地图上标记的恒星位置三角对齐。这项功能是完成任务的关键。我们最后常用 ThinkPad 做事。"

简单来说，就是格伦斯菲尔德使用 ThinkPad 来观测宇宙的更深处。

任务完成返回地球后，格伦斯菲尔德继续推动 ThinkPad 进入 NASA。"为了能让宇航员在太空中熟练使用 ThinkPad，我说服管理层，宇航员应该在日常工作中人手一台 ThinkPad，"他回忆道，"每位宇航员每天工作使用的计算机，应该就是 ThinkPad。"

1997 年至 1998 年间，太空项目中，ThinkPad 使用量已飙升至数百台。NASA 内形成了一种文化，宇航员几乎去哪里都会带着 ThinkPad。NASA 希望他们学会如何更改网络设置，能够高度熟练地操控这款笔记本电脑，因为在太空中没有 IT 人员帮忙。如果宇航员在太空中遇到 ThinkPad 出问题，只能自己解决。"我希望 ThinkPad 能成为每个人都有的'货币'。"格伦斯菲尔德说。

1997 年，格伦斯菲尔德随"亚特兰蒂斯号"（Atlantis）航天飞机第二次进入天空，执行 STS-81 任务。此次任务为期 10 天，要与俄罗斯和平号空间站（Mir Space Station）对接。到目前为止，大和实验室已推出全新一代 ThinkPad 755C，搭载了运行速度更快的英特尔处理器。755C 功能强大，足够运行一款软件，帮助飞行员绘制出对接和平号或者其他空间站的最省油的航线。这款软件名为“交会近距离控制程序”（Rendezvous and Proximity Operations Program，简称 RPOP）。飞行员甚至可以彼此相互竞争，看看谁能找到最高效的对接路线。宇航员还可以利用 ThinkPad，提升飞船机械手臂的情境感知意识，更好操控手臂移动，提升安全性。

和平号空间站内的俄罗斯宇航员也是 ThinkPad 的“粉丝”，不过他们只有老款 750C，不是最新的 755C。根据太空新闻和信息服务机构 SpaceRef 透露，俄罗斯有一台 750C 可能会创下待在宇宙时间最长的记录。这台 750C 留在了和平号空间站损毁并被抛弃的“光谱号”（Spektr）舱中，永远飘荡在宇宙中。

完成和平号空间站对接任务后，格伦斯菲尔德受邀开始为国际空间站制订 IT 基础设施计划。2000 年，国际空间站首个组件被送入太空。格伦斯菲尔德的雄心很大，他希望使用 ThinkPad 和其他计算机构建一个有线和无线网络。“管理层说‘绝无可能’。”他回忆道。但格伦斯菲尔德一如既往，坚持己见。**“ThinkPad 真的成了我们 DNA 的一部分，为空间站奉献一切。”**

格伦斯菲尔德决定使用无线网络将空间站内的 ThinkPad 互联，

并且与地面控制中心联网。他说："这非常棒，因为你能顺手抓住一台 ThinkPad，带着它四处飘浮。"宇航员可以通过 ThinkPad 与地面的 NASA 专家组织视频会议，讨论解决工作中的问题。

在日本，我们知道空间站内的 ThinkPad 还有另一项功能。设备配置了 DVD 光驱。顺应电影行业的期望，我们在笔记本电脑和其他设备上添加了"锁区"技术，比如，中国用户就不能观看在欧洲录制的影片。但现在，NASA 要求我们打造"全区免费"的 DVD 光驱。我们的结论是，宇航员来自五湖四海，要在空间站内住上很长一段时间，他们希望可以收看到自己家乡的影片。ThinkPad 不仅能帮助宇航员工作，还能为他们提供娱乐服务。

国际空间站分阶段建设，最终于 2011 年正式完工。**"我认为 ThinkPad 是宇航器中远比其他工具更重要的工具。"**格伦斯菲尔德评论道。今天，国际空间站中仍使用着 ThinkPad。

ThinkPad创新理念

- 小红点让 ThinkPad 成为用户友好型产品，你不必精确地调整好自己的姿势，通过小红点动动手指就能控制光标。

05

蝴蝶机，从万众瞩目到昙花一现

How the ThinkPad
Changed the World
and Is Shaping
the Future

我的原则是，IBM 内部的新团队无论何时推出新产品，我都会帮助他们，即便这款新产品可能会成为大和实验室的潜在竞争对手。毕竟，1987 年当博卡拉顿实验室的 PS/2 遇到难题时，我曾出手相助过。有时候，部门与部门之间彼此竞争，有时候我们会相互协作。

大和实验室拿下了 ThinkPad 700C，以及 750C、755C 两款换代产品的控制权。ThinkPad 显然面向的是商务和教育市场，还有诸如 NASA 太空研究等专业领域。我们不会自欺欺人地认为 ThinkPad 适合大众消费市场，因为 ThinkPad 具有很多先进功能，对普通消费者来说过于昂贵，而我们无意降价。

现在，博卡拉顿实验室已经关闭，所有生产工作最终移交到了罗利市和其他地方。这让罗利成了除大和以外唯一设计和打造 PC 的地方。

“隐身”项目，瞄准消费类市场

日后成为苹果 CEO 的蒂姆·库克（Tim Cook）首先提出，IBM 应该为普通消费者量身设计一款笔记本电脑。我从未与库克有过任何直接联系，直到开始筹划这本书前，我才晓得他在IBM的职位和所起的作用。库克是工业工程师，拥有MBA学位，他在IBM供职12年，一路晋升至PC事业部北美执行董事，在罗利市负责管理美洲市场的制造和分销。

20世纪80年代中期，工程师迈克·马尔帕斯（Mike Malpass）与库克成为同事。当时，库克主管大型计算机监控器的生产工作，一直设法降低生产成本。制造业属于劳动密集型产业，因此成本高昂。库克与身为首席机械工程师的马尔帕斯合作，计划打造自动化生产线。

但他们受到了监控器研发工程师们的一致反对，这些工程师才不在乎产品生产实际有多困难，在他们眼里，生产是其他人的事。在IBM内部，“地盘”，或者说“独立封地”，非常死板。马尔帕斯透露，说服研发工程师改变设计以简化产品生产，“简直是在拔牙”。但库克和马尔帕斯最终胜利了。再后来，机器人负责组装生产监控器，流水线只需要5个人进行操作。对于库克和马尔斯帕来说，这是成功的合作。

后来两人走向了不同的事业道路，直到1990年，库克邀请马尔帕斯加入PC事业部。这一次，他们面临的问题当然又是非常复杂。库克要求马尔帕斯召集一队人马，简化现有的IBM个人电脑设计。

他们启动代号为“隐身”（Stealth）的项目，因为项目将在“雷达”监控下实施。IBM北卡罗来纳部门的管理层知道“隐身”的存在，但他们没有告诉PC事业部的管理层或公司其他高层主管们。**在IBM，不告知管理层而埋首开发新产品、研究新概念，并不罕见。一般认为，最高管理层会只在意预算，而扼杀所有未经评估的项目。这也是IBM功能性失调文化的又一表现。**

库克和马尔帕斯的团队约有35人，研发并生产了一款低配版笔记本电脑。当PC事业部负责人罗伯特·科里根（Robert Corrigan）造访罗利市商讨其他事务时，他们将这款新品摆在了科里根的面前。向科里根推销一款真实产品，远比鼓吹一个有待测试的概念更易让他接受。科里根予以首肯，这款产品就是后来广为人知的PS/Note。按照库克的目标，PS/Note在美国制造，零售价不超过2 000美元。PS/Note作为IBM旗下单独品牌上市，它不是ThinkPad中的一款。

为“蝴蝶”而疯狂

PS/Note的成功激励库克和他的团队致力打造这种名气相对不大的产品，并为消费者设计一款笔记本电脑。项目代号定为“蝴蝶”，得到了IBM的同意，并拿到了研发资金。我们在大和知道“蝴蝶”项目，但没有直接参与。

因此，在大和推出ThinkPad 700C和后继产品之际，库克的人马正式开发瞄准消费类市场的笔记本电脑。他们面临的关键难题是屏幕尺寸。当时，最大的 LCD 屏幕尺寸为 10.4 英寸，但库克团队希望产品搭载全尺寸键盘，大小为 12 英寸或者 13 英寸。这意味着键盘要比屏幕更宽，不可能以传统笔记本电脑的翻盖形式呈现。

库克听闻 IBM 位于韦斯特切斯特县的研发部门设计了一款键盘。这款键盘由我的一位朋友约翰 · 卡利迪斯（John Karidis）构思设计，他是我见过的最杰出的机械工程师。

卡利迪斯的理念是将键盘分为两个类似三角形状的模块，分别安在不规则的滑轨上，当翻开电脑，左半部分键盘会向左移动，右半部分键盘则向右移动，二者合并组成完整的键盘。实际上，键盘是悬在电脑基座边缘上的。键盘合并过程就像是蝴蝶扇动翅膀，因此得名“蝴蝶机”。随着开合电脑机身，键盘会随之展开和收缩。我认为这是极有创意的想法，并为此激动不已，甚至觉得这款键盘将大量的工程理念变成了现实。

我的原则是，IBM 内部的新团队无论何时推出新产品，我都会帮助他们，即便这款新产品可能会成为大和实验室的潜在竞争对手。毕竟，1987 年当博卡拉顿实验室的 PS/2 遇到难题时，我曾出手相助过。有时候，部门与部门之间彼此竞争，有时候我们会相互协作。高层希望我们与罗利市方面合作开发蝴蝶机，同时他们协助我们针对商务市场改善 ThinkPad。

我鼓励我的工程师们与罗利团队分享技术细节。双方举行了很多次长时间的会议，并且没日没夜地商议，但高层希望看到的开发、积极交换想法的局面没有出现。双方警惕心过强。最后，我们彼此了解了一些信息。不过，库克从未现身参加过这些会议，因此我自始至终也没见过他。

与此同时，马尔帕斯和其他人开始在美国为蝴蝶机造势。这台设备定名为 701C。IBM 高层邀请马尔帕斯带一台木质原型机前往纽约，与知名科技媒体作家举行非正式碰面。这些作家都签订了保密协议，希望一窥未来图景，IBM 也想看看他们对正在研发的不同概念有何反应。结果，这些作家为蝴蝶机而疯狂，每个人都想拿起它，看看它到底如何运转。

蝴蝶机团队的工作进展比发布计划晚了两到六周时间。在具体的延期时间上，所有人没能达成一致意见，但他们显然晚了一个月。最初的发布日期定在 1994 年，但库克于 1994 年初离开了 IBM，于 1998 年加盟苹果公司，因此他不再是团队一员，马尔帕斯也因家庭原因而在产品发布前离开了蝴蝶机团队。蝴蝶机在完善“翅膀”滑动到正确位置上还存在问题。键盘滑动机制必须通过 3 万次开合电脑的测试。

直到 1995 年，蝴蝶机才正式进入市场。尽管如此，它仍然成为畅销产品，拿下了年度笔记本电脑销量的桂冠。上市第一天的订单量，超过了任何一款 IBM 笔记本电脑。

蝴蝶机俘获了人们的芳心，包括我自己。一则 IBM 的电视广告播放了《壮志凌云》中 F-14 喷气战斗机的画面，F-14 着陆航母时机翼能向后移动，这在异想天开地暗示蝴蝶机就像架 F-14。

由皮尔斯·布鲁斯南（Pierce Brosnan）扮演的詹姆斯·邦德也在 1995 年的 007 系列电影《黄金眼》（*GoldenEye*）中短暂地使用了一下蝴蝶机。纽约现代艺术博物馆非常喜欢蝴蝶机，并将其中一台永久收藏。这款产品一共拿下了 27 项设计大奖。

屏幕尺寸扩大，蝴蝶机劫数难逃

不过，延期发布伤害了蝴蝶机，并让管理层对罗利团队失去了信任。由于罗利团队遇到意外问题，IBM 决定将重心放在大和的 ThinkPad 开发上。自第一代 ThinkPad 发布以来，布鲁斯·克拉夫林（Bruce Claflin）一路晋升到 PC 事业部总经理职位，他亲自来大和见我。当时是 1995 年年底，我们已在 1993 年和 1994 年推出两款新机型，分别是 750C 和 755C，圆满完成了任务。

“内藤君，我知道蝴蝶机键盘不是在这里打造的，”克拉夫林说，“你也许不喜欢它，但请将它当作你收养的孩子。”

换句话说，我必须负责管理这款产品。我不讨厌蝴蝶机的理念，事实上，我很喜欢它，它是我的好朋友打造的。克拉夫林无须嘱托我去喜欢蝴蝶机，因为我已然爱上了它。

由于跳票，蝴蝶机仍使用英特尔 486 芯片，但当时英特尔已推出性能显著提升的奔腾处理器了。因此从处理速度方面看，蝴蝶机已是一款过时产品。同时，LCD 屏幕尺寸越来越大。到蝴蝶机上市之际，最大的屏幕尺寸已超过 12 英寸，这抵消了市场对蝴蝶键盘的需求。“我们不断扩大屏幕的尺寸，这让能够延展开的蝴蝶键盘需求急剧下降。”首席设计师戴维·希尔对《计算机世界》杂志透露。

我动身前往北卡罗来纳与蝴蝶机团队成员会面，以便能制定战略，延续这款产品的生命。数天内安排了一系列会议，但当我走进会议室，发现没有一个人到场，其他参会者都已经回家了。我不知道他们是否有挫败感，是否怨恨大和或者我，没有分享更多的技术帮助他们。对于他们，我感到非常抱歉。任何团队都会面临失败的局面。

怀着遗憾的心情，我做出了暂停蝴蝶机项目的决定。对我来说，大和与罗利设计师之间的任何竞争并不是促使我做出决定的重要因素，而是出于商业和技术的判断。“当蝴蝶机迎合了人们的渴望，它确实打开了一扇小窗口。”希尔说。

1996 年 2 月，《商业周刊》刊登文章称：“IBM 已经决定停产旗下漂亮讨巧的蝴蝶机。上市不到一年时间，ThinkPad 701C 广受欢迎，但 IBM 高层感觉这款笔记本电脑会很快过时。可怜的蝴蝶机。"《商业周刊》继续写道，"不过蝴蝶机确实是劫数难逃，因为 IBM 下一代轻量 PC 搭载的屏幕会足够大，可以匹配常规尺寸键盘。"

大和实验室非常热爱蝴蝶机的理念，并打造了一款玩具蝴蝶机，参与 ThinkPad 问世 10 周年的营销活动。人们可以像组装模型飞机或者模型汽车一样组装自己的蝴蝶机。后来，我们曾将蝴蝶机理念用于其他产品上，但都以失败告终。万众瞩目的蝴蝶机一去不复返，大和成了唯一一支设计和制造 ThinkPad 的团队。

ThinkPad创新理念

○ 我的原则是，IBM 内的新团队无论何时推出新产品，我都会帮助他们，即便这款新产品可能会成为大和实验室的潜在竞争对手。

06

质量之战：拯救被虐待的ThinkPad

How the ThinkPad
Changed the World
and Is Shaping
the Future

我们希望尽可能地保持连贯性，但技术在不断变化，而 ThinkPad 的变化有些太快了。是时候简化我们的产品线了。我们从“白纸一张”开始，思考如何提升用户体验。我们不必向后兼容旧款 ThinkPad 产品，只需单纯关注为用户提供最棒的体验。

当我回想起我们开始面对的质量挑战，一幅画面永远铭刻在我脑海里。我们按照每天开合 10 次的假设标准来设计早期 ThinkPad。当然，我们完全不知道用户会怎样使用 ThinkPad，每天开合 10 次只是估计。然而，一些早期用户每天会开合笔记本电脑很多次，这给铰链带来了巨大压力。某种程度上说，铰链损坏导致的 ThinkPad 故障率居高不下。当时，约有 19% 的 ThinkPad 因这一问题而返修。我们清楚地知道，必须要采取行动来降低这一故障率。

提高产品质量的任务，自然落在机械工程负责人米持建信的头上。1996 年，他前往澳大利亚，了解可口可乐的销售人员使用 ThinkPad 的情况。可口可乐公司是我们最早也是最大的企业客户之一。

当米持建信看到可口可乐电话销售人员的工作情况时，他很快就发现这些员工每天要致电不同的客户，会开合 ThinkPad 几十次。这一数字远超我们的预期，给铰链施加了巨大压力。

米持建信返回公司说明问题后，我们需要尽快找到更好测试铰链的方案，以便让铰链更结实、更耐用。我们需要一台能够开合 1 万次的机器来测试，但是没有机器能做到这一点。

因此，米持建信将机械工程师野口弘行（Hiroyuki Noguchi）招致麾下，并将连续快速开合 ThinkPad 1 万次的任务交给他。这名年轻人凭着坚韧的毅力和勇气承担了这项工作。

我仍记得有天晚上，我照常 11 点离开办公室。所有灯都熄了，只剩下野口弘行工位上的灯还亮着。他坐在那里，极具热忱地开合 ThinkPad。对这名年轻人来说，漫漫长夜正等着他，直到红日从东方升起。

简化产品线，从“白纸一张”开始

这似乎是个悖论，却又是不争的事实——ThinkPad 凭借卓越的技术和稳定性迅速赢得了名声，然而同时，我们还要应对众多质量问题。ThinkPad 的业务增长非常快，1995 年至 1996 年间，我们推出了多款产品，但用户纷纷致信 IBM CEO 郭士纳，抱怨 ThinkPad 质量差。

雪佛龙公司（Chevron）是我们的大客户，他们的首席信息官（Chief Information Officer，简称 CIO）将 ThinkPad 称为“StinkPad”，意思是“招人讨厌的笔记本”。一名截瘫用户写信给郭士纳说，ThinkPad 产生的热量将他的膝盖烫成了三度灼伤。因为他的双腿没有知觉，所以无法意识到被灼伤了。郭士纳非常生气，他施压让我们改善 ThinkPad。整个行业都在想办法解决类似问题，这对我们来说稍稍有些欣慰。

1996 年 3 月，阿达里奥·桑切斯（Adalio Sanchez）升任研发部门副总裁，两年后，他又担任总经理一职。桑切斯在我们改善 ThinkPad 质量上起到了关键作用。他定下最终期限，要求持续评估审核，并实时汇报工作进展。我们与供应商建立密切联系，时常与用户见面，倾听他们遇到的问题。

1998 年初，作为总经理，桑切斯决定向我们遇到的一项挑战发起总攻，即在小细节上维持用户体验的前后连贯性。电源键在哪里？各类端口有多大，分别在什么位置？如果一位顾客为自己的 ThinkPad 买了选装配置，当我们推出新机型时会怎么样呢？也许新机型不再兼容选装配置呢？**我们希望尽可能地保持连贯性，但技术在不断变化，而 ThinkPad 的变化有些太快了。**

桑切斯告诉我们，是时候简化我们的产品线了。用他的话说，**我们要从“白纸一张”开始，思考如何提升用户体验。我们不必向后兼容旧款 ThinkPad 产品，只需单纯关注为用户提供最棒的体验即可。**

这促进了 ThinkPad 第二代主要机型的诞生。

我们继续埋头“白纸”方案，但郭士纳又给加了一把火。1999 年 3 月的一个夜晚，郭士纳在佛罗里达州举办了一场小规模企业晚餐会，桑切斯受邀出席，还有另外 6 名 IBM 高管陪同。每当 ThinkPad 推出新机型时，桑切斯都会送给郭士纳一台。郭士纳感谢桑切斯让 ThinkPad 连续不断地更迭，但随后开始抱怨：为何每次拿到新电脑他都要重新熟悉如何开机，如何掀开机身？体验的连贯性去哪儿了？“那顿晚餐上，郭士纳就是在折磨我。”桑切斯回忆道。

有了 CEO 的抱怨敲打，我们开始加速开发下一代 ThinkPad。罗利方面的市场营销人员想出了一个点子，以特定字母命名 ThinkPad 型号，这能更清楚地区分哪款机型针对哪类顾客而设计，价格又是哪个等级。我们当时投入精力开发了 X 机型，意思是“超轻超小”。X 是款超轻便的全功能笔记本电脑，比一副扑克牌还要薄，重量比半加仑牛奶还要轻。与此同时，我们还有 T 型号，代表着“轻薄”，专为差旅用户设计。稍往后，我们又推出了 R 和 A 机型。R 意味着“可靠”。我们认为，所有 ThinkPad 都非常稳定可靠，但 R 系列可以说是极度可靠。A 系列则表示“台式机的替代产品”。

加起来，XTRA 代表了新一代 ThinkPad。在为这些产品命名上，我们从宝马的数字命名风格：3 系、5 系和 7 系，转到了梅赛德斯 - 奔驰的字母风格：C 级、E 级和 S 级。

德国设计师理查德·萨博负责ThinkPad的外观设计，他坚持键盘中间的TrackPoint使用大红色。

第一台ThinkPad，型号为700C，打动了许多计算机用户的心，部分原因在于700C是全色彩显示屏。老布什总统也为他的妻子芭芭拉买了一台。

IBM的罗利实验室打造的ThinkPad 701C。这款产品昵称为“蝴蝶机”，因为701C的键盘展开后，超过了机身边缘。1995年，蝴蝶机经历了自己“人生”中最荣耀的时刻，被纽约现代艺术博物馆永久收藏。

加拿大出生的彼得·霍腾休斯在 ThinkPad 的发展中承担了众多职责，其中包括 PC 事业部副总裁。他还是内藤在正的上司，两人是数十年的挚友。

机械工程师米持建信，在 20 世纪 90 年代初，是大和实验室的 2 号人物。他在 ThinkPad 的发展史中，为提升产品品质标准立下了汗马功劳。

戴维·希尔于 1995 年出任 ThinkPad 副总裁一职。当时 ThinkPad 还是 IBM 旗下部门，后来卖给了联想公司。希尔在罗利市工作生活。

航天飞机飞行员肯尼思·鲍威索克斯首次携带 ThinkPad 进入太空。当 ThinkPad 出现故障后，他设法修复了这台设备。图为 2002 年执行国际空间站任务的鲍威索克斯，他身边是台 ThinkPad。照片由 NASA 提供。

NASA 官员约翰·格伦斯菲尔德在 1993 年送 ThinkPad 首次上太空的计划中发挥了关键作用。后来他成了宇航员，执行了 5 次太空任务。图为格伦斯菲尔德在太空中使用 ThinkPad。照片由NASA提供。

2004 年，大和实验室派遣一支工程师团队前往美国，研究美国校园里 ThinkPad 的质量问题。他们惊恐地发现，维克森林大学维修中心的一面墙上钉满了损坏的 ThinkPad 键盘。照片由伊藤喜志子提供。

美国学生“虐待”ThinkPad 的方式，迫使 IBM 在美国校园建立了维修中心。图为 2004 年北卡罗来纳大学的维修中心。照片由伊藤喜志子提供。

为保证 ThinkPad 正常运行，IBM 不得不向高校提供大量备件。图为西东大学维修中心的备件存放点。照片由伊藤喜志子提供。

为应对质量问题，大和实验室设计了各项测试，模拟在美国高校中看到的情况。图为颠簸测试，模拟学生背着装有 ThinkPad 的背包骑车穿梭在校园的情形。

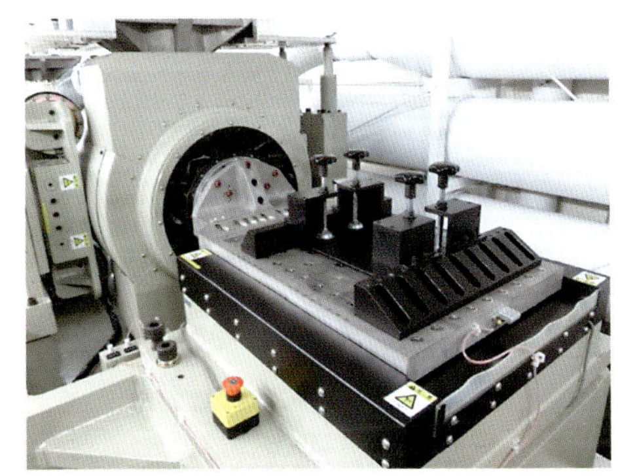

图为“残酷测试”的其中一项，具体方法是将 ThinkPad 放进布满灰尘和其他细小物体的密闭室，观测这些东西是否会导致 ThinkPad 损坏。

工程师模拟对 ThinkPad 单个点施加巨大压力的情况，以研究对设备会产生怎样的影响。

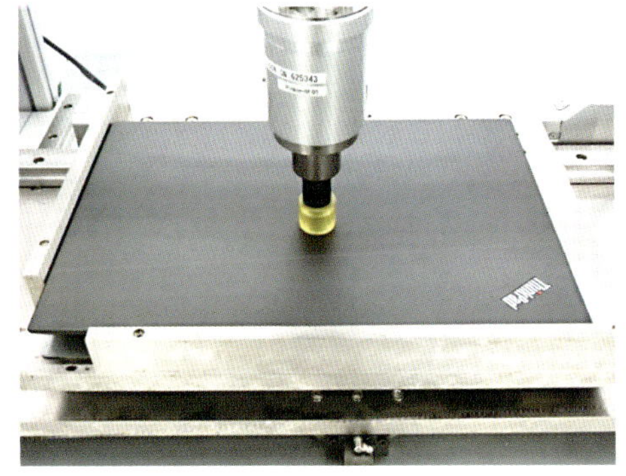

2015 年，美国管理层出席 ThinkPad 销量突破 1 亿台的庆功会。左起为彼得 · 霍腾休斯、弗兰 · 奥沙利文、路易斯 · 埃尔南德斯、迪利普 · 巴蒂亚以及戴维 · 希尔。

2016 年 8 月，管理层在埃尔南德斯家中聚会。身穿白色衬衫，站在中间偏左位置的是内藤在正，他旁边的是总经理埃尔南德斯。ThinkPad 团队的多元文化一直是最宝贵的财产。

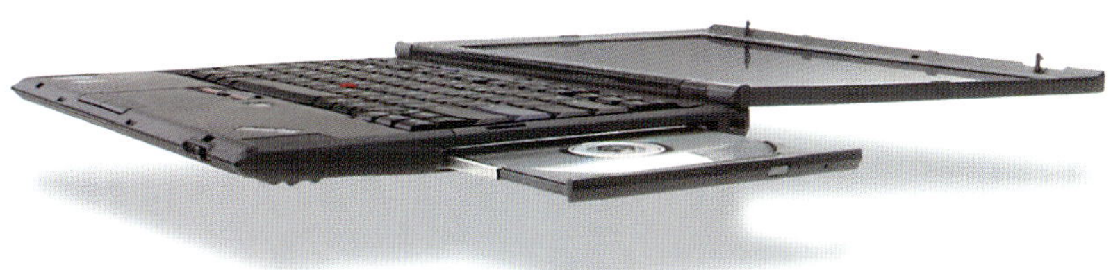

2008 年推出的 X300 在精细方面迈出了一大步。但由于全球金融危机，这款产品销量欠佳。然而，X300 为新一代产品 X1 搭好了舞台。

2016 年推出的 ThinkPad Yoga 在尺寸和形状上有了重大变化。ThinkPad Yoga 拥有 360 度旋转铰链。

图为罗利市 Cardinal Gibbons 中学课堂。ThinkPad X1 Yoga 可以让教师和学生深度参与到写作课程中。师生们使用在线调查和管理平台 NoodleTools 来提升批判思维能力，并做实证研究。照片由 Cardinal Gibbons 中学提供。

Cardinal Gibbons 中学的学生使用 ThinkPad X1 Yoga 学习科学、技术、工程和数学。照片由 Cardinal Gibbons 中学提供。

虐待 ThinkPad 的 N 种方法

随着我们的销售范围从企业拓展到教育领域，某种程度上对 ThinkPad 的质量考验日益严峻。2000 年和 2001 年，我们陆续推出 4 款产品，但很快就遇到了喜忧参半的局面。特别是 T 系列，这款 ThinkPad 在美国的大学、私立中学甚至教会学校都备受欢迎。T 系列是 ThinkPad 的最高端机型，因为它集合了所有最棒的功能，而且很轻。虽然我们一直面向哈佛商学院销售 ThinkPad，但其他很多大学并没有很快接受它。

教育领域的销量大涨带来的结果是，ThinkPad 的故障率增长了 20% 以上。自推出第一台 ThinkPad 并取得成功以来，我们一直与故障率做斗争，但如今质量问题又重新摆在我们眼前：硬盘驱动器崩溃，键盘损坏，LCD 屏幕破裂，以及集合所有芯片和电路的主板出现微小裂纹导致电脑不能运行。随着学生开始使用笔记本电脑，整个电脑行业都经历着类似的问题，并非只有我们一家。

ThinkPad 部门的同事告诉我们，美国学生使用 ThinkPad 的方式超出我们的想象。主管产品营销的萨姆·杜西（Sam Dusi）讲述了他的经历：他接到了一所大学打来的电话，说 ThinkPad 出现了很多质量问题，包括键盘中间的小红点将屏幕硌出了凹痕。杜西不相信这件事，因为当电脑闭合后，键盘和屏幕之间是有两毫米空隙的。

杜西去了学生会，看到一群学生聚在楼梯间。当时正值冬天，学生们不想直接坐在台阶上，因此将背包垫在身下——而ThinkPad还在背包里。他们的体重压缩了这两毫米的空隙，导致小红点戳进屏幕！

我们信任罗利方面的同事，但不相信他们说的情况。这毫无道理。对我们来说，ThinkPad是无比珍贵的，为何美国学生要虐待它们？

我们召集不同背景的工程师研究这一问题，但最果断的决定是，从大和实验室派一支工程师团队亲自去查看。2004年，包括伊藤喜志子（Kishiko Itoh）、藤野高岭（Takane Fujino）在内的工程师团队奔赴美国，拜访维克森林大学（Wake Forest University，以下简称WFU）和北卡罗来纳大学（University of North Carolina，以下简称UNC）这两座北卡罗来纳州内的学府，以及伯根天主教高中（Bergen Catholic High School）、西东大学（Seton Hall University）和美国联合天主教高中（Union Catholic High School）这三所新泽西州的学校。

工程师们对所见所闻感到极为震惊。在WFU和UNC，他们看到有面墙壁上挂着几十个破损的ThinkPad键盘。学生们上课感觉无聊时，会拿铅笔或钢笔撬键盘的键帽，但撬起来后又装不回去了。还有些学生在玩电子游戏时，会用力拍打按键，力道大得难以想象，导致“↑”“↓”“←”“→”这4个按键容易损坏。

学生将弄坏的电脑和键盘送至学校设置的帮助中心。然而我们不想回收那些损坏的键盘，因为没办法以任何经济可行的方式修复它们。因此，帮助中心的学生员工将键盘钉在墙上，作为一种展示。他们认为这是艺术，而我们的工程师则感到惊骇。

工程师还亲眼看到，学生们将 ThinkPad 和不少沉重的课本一起塞进背包，然后骑车在校园里穿行。这些背包重达 14 ～ 18 千克。返回大和后，藤野高岭着手创建测试，模拟他看到的 ThinkPad 损坏情况。他不能理解这么多的组件如何会出现细微裂纹。通过显微镜研究这些裂纹，他努力想象什么原因才会导致这些损坏。

另一个震惊我们的情况是：有些学生在给笔记本电脑充电，或者给电脑连网时，会直接扯着电源线或网线把 ThinkPad 拽过来。学生们不会起身走几步去把笔记本电脑拿来，而是拉着线将设备拽到身边。很显然，这会导致 ThinkPad 出现我们从未想过的潜在损坏。谁能想到有人会这样对待一台电脑呢？

罗利方面的同事安排大和工程师直接与学生们面对面交流，询问他们如何使用自己的电脑。学生们来到交谈室，常常将背包扔到座椅或者墙角。他们似乎没有意识到，自己的行为会对背包里的电脑造成怎样的伤害。

藤野高岭回想起，女学生们在使用 ThinkPad 时会捋自己的头发，有时候几缕发丝就会掉进键盘里。也有学生工作或玩游戏时吃薯片或者其他零食，食物的碎渣就会钻到按键的空隙中。

更年轻的学生群体虐待 ThinkPad 的情况最严重。我们的工程师在新泽西州看到，中学生追逐打闹时会使用背包互扔，当然，ThinkPad 就在背包里。

伊藤喜志子是我的核心团队中最资深的女工程师。她从 4 所学校收集的损坏率数据极为惊人。每天，UNC 会有 110 块硬盘驱动器破损或坏掉，这一数字在西东大学为 70，在联合天主教高中为 40，在 WFU 为 35。请注意，是每一天！

我们的工程师一直在问，为什么？为什么？为什么？他们发现，往往是学校给学生购买 ThinkPad，而且费用不算在学费内。因此，学生和家长并不是直接掏钱购买这些电脑。如果是他们自己花钱买，可能就会爱惜着使用了。

学校每两年就会对设备进行更换，甚至没问题的电脑也包括在内，这增加了设备使用的短暂性。学校设有求助台，如果电脑坏掉，学生可以免费或者花很少的钱就能享受维修或者更换服务。IBM 接了大部分维修单，因为我们不可能知晓学生是否“虐待”了电脑系统。我们没有美剧《犯罪现场调查》（*CSI*）里的鉴证能力，所能做的只能是告知一台 ThinkPad 坏掉了。我们通常别无选择，只得更换 Think-

Pad，因为 IBM 提供三年质保服务。

我们的工程师得出了基本文化观察报告：美国学生希望，不管如何对待 ThinkPad，它都能正常运行。ThinkPad 很贵，因此不管怎样，它都要能工作。这与日本文化截然相反，对于一件珍贵且昂贵的事物，我们觉得应该要爱惜。如果你在日本检查一台使用了 10 年的 ThinkPad，你会发现，它仍完好如初。

但美国学校的情况不同。最终，我们开始明白：**我们无法改变美国学生的行为，只能将自己的机器打造得更结实。**

欢迎来到“酷刑室”

为了应对学生们的破坏，我们极大地扩展了 ThinkPad 的测试范围。日本方面员工从未想过将我们的测试场所称为“酷刑室”，这是彼得·霍腾休斯和他的团队想出来的概念。他们知道电脑杂志会“虐待”设备，来查看设备的耐用性。当他们看到我们的测试视频，他们提出了“酷刑室”的说法。

最早的测试差不多可追溯到 1992 年，进行的是自由下落测试，具体操作是翻开 ThinkPad，开机运行操作系统，而后将设备从桌子上扔下去。

另一项为边角跌落测试。为了更好理解这项测试，我解释一下：

我们将 ThinkPad 分为 4 面，A 面（屏后盖，最上面那一面）和 B 面（液晶显示器那面）构成了电脑的上半部分，C 面（键盘和其他功能键那一面）和 D 面（最底部那一面）构成了下半部分。每半部分都有 4 个边角，合起来就是 8 个。我们针对每个边角做一次跌落测试，共做 8 次，观察对边角的直接影响。

还有一项为液体泼溅测试。从 1995 年开始，我们调整了 ThinkPad 的设计，以保护关键电路免受液体侵害。当水泼溅到键盘上，能穿过设备排干，不会造成关键电路短路。我们继续了这项测试，以搞清楚牛奶、苏打水或者其他不同液体溅到正在运行的电脑上时，是否会造成任何负面影响。

这些测试过后，我们会检查 ThinkPad 的损坏情况。在当时，最易损坏的零部件是 LCD 屏幕和硬盘驱动器。根据我们此前从美国学生身上得出的结论，屏幕可能会以各种方式被破坏。

硬盘驱动器受到震荡时，很容易破损。此前曾提到，硬盘驱动器的读写磁头就像唱片机的唱针。当设备受到撞击时，唱针会跳起或者划伤唱片。同理，读写磁头也会发生故障，更严重一些的话，整个驱动器都会彻底报废。硬盘驱动器有个“安全泊车位”，能在不工作时休息，这时候它不容易损坏。但如果磁头正在工作时，设备遭受撞击，就会导致数据丢失，更有甚者，整台机器都会损毁。

完成全部“虐待”测试后，我们会调整设计，更好保护这些零部件，同时与供应商密切合作，在他们力所能及的范围内提升产品质量。前前后后耗费了数年时间，供应商才达到我们坚持的标准。

我们在降低产品不良率上取得了不小进展，却招致了 IBM 质量部门的抨击。我们一直努力与罗利市 PC 事业部总部的美国同事相互理解和合作，比如派遣日本工程师前往罗利，罗利方面也安排美国同事造访大和。我坚持让我的工程师们学习英语，美国同事则在给我们写信时注意使用“君”这个敬语。对他们来说，我们是“内藤君”和“建信君”。在设计、产品研发和营销上，我们与罗利团队的合作非常愉快。

诚然，双方会有文化差异，在产品规格上会有不同意见，但大家绝不允许有“我们对抗他们”的心态来破坏合作。对于其他国籍的团队来说，这点同样适用。我们创造了一种跨国文化，能够高效解决问题。在北卡罗来纳时间，每个工作日的早上 7 点，我们都会举行绰号为“点名”的电话会议，复盘当天遇到的问题以及哪些工作必须要完成。有时候周末也如此。我们是一支团队，为相同的目标而努力。

但公司质量部门不一样。他们是 IBM 旗下独立的部门，拥有独立的工作汇报网络。与他们的摩擦，是 IBM 有意制造内部争斗的一个鲜活例子。部分原因在于我们是一家 PC 公司，是 IBM 打造的独立部门。母公司仍然是大型主机和服务器领域的巨无霸。大型主机和服务器鲜少出现损坏情况，它们“上岗”后，99%的情况下都不会出现问题。但我们却在青少年群体间遭受着故障率的困扰。我们打造了新型产品，正在将它们改善到最好，但这需要更多时间。

质量部门的人不断问我们有关下一代型号开发的事宜。我们必须获得他们的批准才能出货，但他们不停问：“你们采取了什么措施？”“你们能对这些措施提供证明吗？”“你们如何确保相同的问题不会出现在下一代产品上？”这些很难令人开心，但成功地推动我们找到了问题的根源。

我们不断努力，增加了ThinkPad的翻盖次数，安排员工每分钟开合电脑一次，做了3万次。铰链会出现什么状况？它们会损失多少扭矩？因为没有设备来完成这些测试，这些浩大繁重的工作量都落在了我们的员工身上。最终，我们引入机器人来执行这些测试。

桑切斯找来了黄天立（Tin Lup Wong）。黄天立出生在香港，是位机械工程师，在1992年加入IBM的博卡拉顿实验室之前，是佛罗里达大西洋大学的教授。20世纪90年代中期，随着博卡拉顿的众多职责转到罗利，黄天立搬到了罗利。

黄天立拥有机械工程博士学位，是计算机辅助设计（CAD）和计算机辅助制造（CAM）方面的专家。桑切斯邀请他到大和实验室待上三个月，看看是否能帮上我们的忙。

黄天立既懂文化又有技术，有了他的帮忙，我们的测试进程提速不少。当然，他不是日本人，但他曾在中国的香港和台湾生活过，会说粤语、普通话和英语。

中国文化和日本文化十分相近，黄天立深知，我们会对自己取得的成就感到自豪。出于这种自豪，我们最初对他怀着抵触情绪。黄天立明白，他需要证明自己。即便是从总部下来，黄天立也保持着谦卑和尊重的态度，并开始指导年轻工程师们工作。此外，他还与米持建信和我建立了深厚的同事情谊。

黄天立曾是教授，他知道如何引导人们学习逻辑程序，这对工作有很大帮助。他能说服人们相信他的话，而不是告诉人们接受他的想法，这是一种非常重要的特质。在与他合作一个月后，我告诉团队中的每个人，黄天立工作出色，我支持他。

从技术层面看，黄天立是打造自动化测试的专家，这在解决755C遇到的问题上是极其有价值的。英特尔通过不断提升奔腾系列芯片的运算能力和能耗，提醒大众摩尔定律仍然有效。上一代产品中，英特尔芯片能耗为3瓦，但现在，能耗跳升至8瓦，翻了近乎三倍。这么大的增长是我们从未预料到的。管理笔记本电脑内产生的额外热量是个大难题。

我们一直设法将 ThinkPad 不断轻量化、纤薄化，当时的厚度已经小到 2 英寸。但散热器变得更大更重，以便能应对英特尔芯片产生的额外热量。散热器是无源器件，使用液体带走热量。当时可用的风扇很脆弱，不能在 ThinkPad 跌落时保持完好无损。

我们四处寻找解决方案。比如，我们知道 NASA 打造了卫星并将之送上太空，这些“大鸟”对着太阳的那面会变得极为炽热，而背面温度则会降至冰点。因此，NASA 科学家设计了一个真空管，里面装有液态钠。当管道一端变热时，液态钠会汽化，将另一端冷却的液态钠吸过来。这种热导管设计在解决温度波动问题上极具创意。

但是我们认为无法将 NASA 这项技术应用到 ThinkPad 上。我们最顶尖的机械工程师中村房延（Fusanobu Nakamura）取得了突破。他从动物身上受到启发，将之融入自己的发明创造中，并因此声名鹊起。中村房延在美国出差期间，看到了热导管概念的一个变种。一天，他去便利店买冰激凌。店员手里拿了个金属冰激凌铲，这里面就利用了热导管的概念，人手散发的热量能迅速传送到铲子尖端，从而轻易舀起冻住的冰激凌。中村房延的脑中迅速闪过一道光。

中村房延返回日本后，找到一家能提供小直径热导管的供应商，开始为 755C 研发热导管。我们在电脑 D 面开口，使用热导管直接将 CPU 的热量带走。中村房延的职业生涯中拿下了至少 60 项专利，但我认为热导管是最棒的。

然而问题仍旧存在，热量不能很快从笔记本电脑底部散开。我们用温度计测量电脑的温度，然后将数据记录在纸上。黄天立创建了一套系统，能够监控设备并记录准确温度。这个系统使用了热电偶，每个热电偶由两种不同材料焊合，其中一端有点儿像铅笔尖儿。我们将尖头一端放在 ThinkPad 上测量，另一端则接入能记录温度的设备。测试中，我们使用了 30 到 40 个热电偶，有时多达 100 个，来精准确定 ThinkPad 哪部分在散热，哪部分在变热。

我们创建了热量容许水平的标准，在驱散热量方面取得了不小进步。最终，在散热设计领域，我们成了行业的领导者。

“猫爪”到来，解决“平落”问题

计算机可能会出现很多不同种类的故障，我们尽一切努力加固 ThinkPad，使它能摆脱这些不幸损坏。通过跌落测试，我们了解到笔记本从 25.4 厘米的高度落下会造成不同形式的损坏。我们还知道，“平落”造成的影响与一角着地也不一样。很多情况下，平落难以预防。比如，用户正在办公桌上使用笔记本电脑，突然想起自己有场会议要迟到了，着急忙慌中手指带了一下，导致电脑跌落到地上。即便是从不高处平落，都可能损坏硬盘驱动器，造成数据丢失，而且不能恢复。

2001 年，中村房延开始解决“平落”问题，他试验了两种解决方案。第一种是在笔记本电脑 D 面安装微型空气缓冲垫。这一减震器中充满了空气。他使用激光钻头在缓冲垫上钻了直径不到 1 毫米的洞孔，能让空气慢慢流出。当笔记本电脑跌落时，空气会流回缓冲垫，使之恢复原来形状，为撞击做准备。

中村房延的第二项发明为缓冲胶垫，也就是后来广为人知的“猫爪”。他经过多次实验了解到，硬橡胶在承受从 25 厘米高坠落的撞击时最优，而软橡胶则在承受从 2.5 厘米高坠落的撞击时更佳。但显然，机器在坠落过程中，不可能改变胶垫的硬度。胶垫的材质、纹路都是固定的。

所以，将胶垫设计为 3D 形状尤为重要。笔记本电脑底部的“猫爪”胶垫有纹路，而且各式各样。中村房延将缓冲胶垫设计成了波浪或者凹凸不平的形状。当 ThinkPad 从较高处平落，缓冲胶垫的顶端会率先着地承受压力，随后，胶垫更多部分开始承受撞击。当 ThinkPad 从不高处跌落，只有缓冲胶垫的顶端承受冲击。这种方案能承受足够冲击，避免设备的损坏。

我们在 ThinkPad T30 上首次使用了中村房延的这两项发明创造。最终我们认定，“猫爪”的工作效果最好，并且在后来所有的产品上都使用了“猫爪”。

安全气囊与防滚架，“偷师”汽车行业

我们取得的进步远远不够。ThinkPad 在企业领域表现优异，但在美国校园中破损率仍居高不下。黄天立告诉我们，必须将美国校园作为重要的检验场。“如果我们能幸免于此，就可以适应任何环境了。”他说。

看到学生们边吃薯片边用电脑，藤野高岭设计了粉尘试验，将笔记本放到充满粉尘和其他长短不一纤维的环境中，来观察粉尘和纤维是否会跑进电脑中。如果这些东西跑进电脑里，我们就会调整设计，阻止损坏的发生。我们还独创了名为“重压震动”的测试，直接模拟学生背包里携带 ThinkPad 时可能出现的情况。黄天立帮助我们开发了冲击台和震动台来“折磨”ThinkPad，这很像日本或欧洲的古代封建君主对待忘恩负义的农民。我们只不过是复制了美国院校里的真实状况而已。

黄天立帮助藤野高岭设计的另一项测试为“单手抓取”测试。我们需要对 T40 做这项测试，因为这款产品比上代机型 T30 更纤薄。受散热困扰，T30 相对较厚。随着 ThinkPad 不断变薄，用户很容易单手拖住电脑，向参会员工或学生展示屏幕显示的内容。如果用户是右撇子，意味着右手大拇指会在 LCD 屏幕一小块儿区域施加巨大压力。他们也许还会以我们绝对想不到的方式晃动 ThinkPad。因此，我们必须针对这种情况进行测试，以了解边晃动 ThinkPad 数千次、边

捏住屏幕一小块儿区域会出现什么情况。

得益于所有测试，我们知道零部件会在何种情况下受到损坏。我们不断“折磨”组件，直到它们挂掉，我们将这称为“虐到损坏”。我们知道哪家供应商的LCD屏幕质量更好，哪家的硬盘驱动器品质上佳。我们会将测试数据展示给供应商，提醒他们需要提升自己的产品质量。

我们还提出了两项新特性，均是从汽车行业“偷师”而来。第一项是类似安全气囊的功能，用于保护硬盘驱动器，第二项类似F1赛车中所用的防滚架。

营销人员将这称为“ThinkPad安全气囊”。他们总是夸大其词，ThinkPad设备内部并没有在碰撞时会充气的气囊。事实上，IBM研究院建议我们使用汽车领域采用的一种加速度计来激活安全气囊，不过要确保它更敏感。

IBM研究院的日本科学家福喜进（Susumu Shimotohno）想到了个好点子。大意是当主板上的感应芯片侦测到潜在撞击时，会向硬盘驱动器发出特殊指令，操控读写磁头抬起，并收到安全位置。我们将这一位置称为“安全泊车位”。如果磁头“泊车”，它就不会损坏，也不会导致硬盘驱动器损坏。

不过福喜进意识到，出现事故或者发生坠落后，并没有足够时间完成上述所有步骤。因此，他开发了一套预测坠落的算法。如果ThinkPad受到剧烈晃动，算法便会预测意外事故即将发生，命令读写磁头预先进入“安全泊车位”，以应对下个更严重的撞击。

我非常喜欢福喜进开发的这套系统，这让我想起了乌龟是如何在跌落时保护自己的。在撞击地面前，乌龟会将脑袋、脖子、四肢以及尾巴缩进龟壳中，这能保护它毫发无伤。

这套系统的问题在于，会导致每台设备的成本增加4美元，进而推动整体成本上升。IBM有个监督委员会，负责监督每款产品的研发过程，成员包括总经理、研发主管、营销和财务人员，他们担心福喜进的系统会拉高ThinkPad的售价，或者蚕食公司的利润率。我们经受着激烈的市场竞争压力，而委员会却在怀疑我们的创意。这不是项成熟的技术，市面上也没人应用过。他们最初否定了这套系统。

我们与委员会前后争斗近一年时间，才最终取得胜利。黄天立指出，我们不应该只关注ThinkPad的制造成本，而应该将目光放在销售衔接成本上，这其中包含保修成本。黄天立表示，假设我们能够节省保修成本，那么每台ThinkPad上使用类安全气囊系统的成本就可以降至1美元以下。此外，我们还能收获更多消费者的满意度，因为很少有人会丢失硬盘数据了。黄天立的分析得到了大家的认可。

2003 年 10 月，我们在 R50 和 T41 两款 ThinkPad 上推出了类安全气囊的功能，随后又将其推广到更多机型上，应对我们在美国校园目睹的情况。气囊解决方案起到了效果：自此之后，再也没有听闻硬盘驱动器出现损毁的案例。

在推动采用防滚架概念上，黄天立发挥了重要作用。防滚架是一种金属骨架，保护赛车手在事故中免受伤害。我们最初反对这个概念，因为黄天立想使用重量更轻，且比钢和其他金属更结实的镁。同时，他希望防滚架为整体打造，而非不同组件焊接成型，这能增加防滚架的强度。我们认为，打造整体镁制防滚架过于昂贵，而且会增加设备的厚度和重量。

但黄天立坚持不懈地说服我们，他认为，任何额外花费都会被保修索赔和换机成本的大幅下降所抵消。他和部分大和工程师开始研究赛车防滚架的工作原理。

在 T40 和 T43 两款 T 系列机型上，我们没有使用防滚架，而在联想收购 ThinkPad 之后推出的 T60 上，我们设计了两个独立的防滚架。一个防滚架用于保护机身下半部分，另一个则保护屏幕后盖，也就是笔记本电脑的 A 面。我们降低了其他零部件的重量和厚度，为防滚架腾出了空间，因此整台产品的净重量并没有增加。

我们还做了很多其他改进。美国校园的学生使用笔记本电脑的方式，迫使我们将 ThinkPad 质量提升到了全新的高度。到 2004 年或 2005 年时，我们的质量工序、生产方式以及产品已经达到当前的成熟水准。ThinkPad 故障率大幅降低，同时我们建立了可靠的新标准。如今，残酷测试的内容已扩展至 40 到 50 项，其中一些为商业机密。我们的产品故障率维持在了个位数水平，具体数字也是商业机密。

取得这样的成绩十分艰辛，而且为 ThinkPad 与 PC 事业部的关系施加了巨大压力，也为 ThinkPad 与母公司 IBM 的关系带来了巨大压力。

ThinkPad创新理念

- 我们从“白纸一张”开始，思考如何提升用户体验。我们不必向后兼容旧款 ThinkPad 产品，只需单纯关注为用户提供最棒的体验。
- 我们无法改变消费者的使用行为，只能将自己的机器打造得更结实。
- 我们不只关注 ThinkPad 制造成本，也关注销售衔接成本，任何额外成本都会被保修索赔和换机成本的大幅下降所抵消。

07

灾年：2000—2004

多年来，IBM 一直将“PC 是核心业务”这句话挂在嘴边，但现在我注意到，公司已经不再这样说了，这令人非常担忧。IBM 正在日本市场和制造领域彻底缩减规模。硬盘驱动业务、显示器业务以及半导体业务都已卖给他家。我们曾与之竞争的兄弟实验室早前就已关闭。这种感觉就像是，我们成了面对无可避免的命运的最后一人。

2000年7月，我迎来了自1988年返回日本后的第一个假期。公司有一项福利，给每位供职25年的老员工4周假期，其中两周为特殊假期，剩下两周为累积的年假。我原本应该在1999年休这4周的假，因为我是1974年加入IBM的，但当时我无法放下ThinkPad的业务，因此，把假期推迟了一年。

由于常年出差，我有很多美国航空公司和万豪酒店的积分，我兑换了这些积分，带着全家人畅游佛罗里达州。我们花两周时间游览了迪士尼世界、米高梅影城、海洋世界以及NASA宇航中心，玩得非常开心。时光飞逝，我的女儿已经大学毕业，儿子也要读高中了。

假期还剩两周，我们返回了日本，帮助儿子完成日本弓箭这项暑假作业。我带他拜访了日本各地制作弓箭的能工巧匠，这是儿子人生中有限的几次能与父亲长时间泡在一起的时光。对我来说，这是真正的假期。在实验室工作的时候，我不常与任何人联系。

总而言之，我心中不禁会生起胜利之感。ThinkPad已登上全球第一笔记本电脑的宝座，很大程度上依赖于在商业领域的强势销量。25年来，我骑在IBM这条巨龙上正奔向成功。

当时我并未意识到这将是一段异常艰辛的日子的开端，一段考验我身心的日子，就像迎着猛烈的大风而立。之前面临质量问题，现在又有一个更大的问题：台式机的性能和速度显著提升，将笔记本电脑置于危险境地。英特尔打造的芯片能耗越来越高，2000年到2002年间，能耗从先前的8瓦升至16瓦，后来达到24瓦，最终达到30瓦。当然，芯片功能也随之提升，可以更好地处理图像和音乐。台式机制造商可以适应芯片产生的额外热量，因为他们的产品空间比ThinkPad大很多。

但对我们而言，芯片功能越强大，我们面临的挑战就越艰巨，因为ThinkPad体积在不断变小。为了适应新一代芯片，并继续与台式机争夺市场，我们必须在电池续航时间上做出妥协。如果电池消耗更多能量，显然无法维持电脑更久地运行，这会惹恼用户。同时，不能再继续缩小ThinkPad的体积了，因为我们需要更大的空间来解决芯片产生的热量问题。

一般来说，我们可以将笔记本电脑的定价高于台式机，但由于消费者受20世纪90年代末科技业泡沫破裂带来的经济衰退冲击，开始认为我们提供不了和台式机一样好的产品。毫无疑问，我们应该降价。对消费者来说，经济压力是极大的，对我们来说同样如此。“市场变了很多，”彼得·霍腾休斯回忆说，“由于2001年爆发的金融危机，商业市场增速放缓。”我的重心是技术，而身为ThinkPad部门副总裁兼总经理的霍腾休斯的关注点则在业务上。

ThinkPad销量仍继续上涨，但受竞争对手不断降价的影响，我们的利润率出现下滑局面。从商业角度看，ThinkPad平均售价的下降速度超过了成本削减的速度。“困难在于找到如何赚取1美元的法子，”霍腾休斯解释道，“在产品售价上，很多竞争对手的手段都特别疯狂。”

多年来，IBM一直将“PC是核心业务”这句话挂在嘴边，但现在我注意到，公司已经不再这样说了，这令人非常担忧。软件、咨询服务加上大型主机似乎成了IBM的重中之重。公司开始出售许多日本的业务部门。显然，IBM正在日本市场和制造领域彻底缩减规模。硬盘驱动业务、显示器业务以及半导体业务都已卖给他家。我们曾与之竞争的兄弟实验室，包括博卡拉顿和罗利在内，早前就已关闭。这种感觉就像是，我们成了面对无可避免的命运的最后一人。

霍腾休斯曾两次告诉我，必须削减大和实验室的员工数量。他将这称为“重组”或“解雇”，但我绝不会用这两个词。我的说法是“重新委派”，因为我为他们在IBM日本其他部门找到了新岗位。虽然这些部门正在不断缩小规模，但我前后将50到60人转岗到IBM咨询服务部门。我从未想过，我必须要对自己的人做这种事情。

内藤的艰难时光

我不认为这会是ThinkPad业务的世界末日，但我不知道如何从金融混乱中杀出条血路。那时候，我母亲处在弥留之际，她一直抱怨我没有花足够的时间陪伴她。不论是在家庭还是在工作上，我都承受了巨大压力。

我手下有近300人，在员工大会上，我出现了讲话困难的情况。这点曾是我的强项，我能够团结大家，凝聚力量。但现在，我对公开演讲有了深度恐惧之感。我讲述这段经历并非要赚取同情心，而是要说明当时挑战的严峻性。

一般情况下，我从不去看医生，但这一次我需要他们的帮助。我前往IBM医疗中心，那里的医生将我转诊到一位心理医生手中。他给我做了两次疏导课程，但我发现作用并不大，而且情况恶化了。某种程度上说，我认为世界上很多男人都会觉得看医生是懦弱的表现，我们应该自己处理问题。对于我这一代的日本男性来说，这种感觉甚至更为强烈，因为我们有努力工作以实现宏伟目标的深厚文化。

医生开了 10 片安神片帮助我放松。我将它们放在口袋里以备不时之需，但是我一片都没吃过。口袋里的安神片给了我急需的巨大信心。现在回想起来，我当时讲话困难，是因为心里没有任何答案，至少部分是如此。我觉得自己失去了控制。

这段经历带来了一个积极结果，让我更了解大和实验室的员工们也处在类似的迷茫境地。在这之后，我告诉员工，特别是新人，如果他们承受着精神压力而且难以应对，可以找我谈谈。当然，没有多少人真的跑来敲门，跟我探讨他们的心理焦虑。但我确定，我的话帮助了一些人，让他们知道，即便是内藤在正，也遇到过艰难时光。我们都是有血有肉的普通人。

无线通信技术带来的机遇与挑战

那段时间里，唯一一件清晰明朗的事情就是，**我们必须更加努力地创新，打造全新且优异的 ThinkPad。我们的座右铭是“不创新则灭亡”，**大和实验室的每个人都感受到了压力。

无线通信技术既是重大机遇，也是重大挑战。尽管互联网泡沫已然破裂，但大型通信公司和有线电视公司疯狂建造的光纤主干网络，终于开始走向成熟。持续高速通信真正成为可能。光纤网络的通信速度按照字面来理解，就是能达到光速。

为了能与高速、远距离网络互联，我们需要短距离无线通信技术。当时笔记本电脑仍需要调制解调器和座机电话才能联入互联网。短距离固线速度很慢，下载文档都需要很长时间，更别提图片和音乐了。Wi-Fi 系统就是路由器加上无线电，通常适用于 10 到 30 米的距离。Wi-Fi 前景光明，但没有足够多的用于接收信号的“热点”，所以无法彻底解决问题。

蓝牙成了广泛采用的技术，成为一个搅局者。实际上，如果没有 ThinkPad，就没有蓝牙的问世。IBM 总经理桑切斯让它走到了世人面前。桑切斯的邻居恰巧是瑞典通信巨头爱立信公司的首席技术官（Chief Technology Officer，简称 CTO）。两人在 1998 年的阵亡将士纪念日一块聊天，桑切斯透露他和团队本想在 ThinkPad 里加入一部电话，让用户随时随地沟通交流，但这太过昂贵，而且需要巨大空间。

爱立信 CTO 说，他的公司有个短波无线电通信技术，速度非常快，能取代任何实体线路，快速传送语音和数据。这个技术就是“蓝牙”，名字来自中世纪维京时代的哈拉尔蓝牙王，他嘴里有一颗蓝色的坏牙。

桑切斯建议他们应该建立行业标准，这在科技领域十分常见。在新理念未真正走向市场前，须要确定许多不同公司会使用这项技术。爱立信希望英特尔加入蓝牙联盟，不久之后，东芝和诺基亚也成为联盟一员。

现在，全球都在使用无线互联网。这是如今个人电子设备真正摆脱束缚的开始，你不再需要电源插座，也不再需要调制解调器。数码相机也开始流行起来，而且价格日渐亲民，人们不再购买胶卷。曾经人们用胶卷拍照片，然后拿着胶卷去商店，等上数天后才能将照片冲洗出来。从胶卷到数码相机，人们的拍照习惯发生了重大变化。音乐也在数字化，Napster 公司通过 P2P 技术分享音乐撼动了整个音乐世界。但视频仍处在早期时代。

我们不得不对 ThinkPad 做出重大调整，以适应这些新趋势。第一个摆在我们面前的问题是 ThinkPad 的 A 面，由于 A 面使用的材质是碳纤维，会阻挡电脑与网络互联的无线信号。我们喜欢碳纤维，因为这能让机身轻薄且坚固，但我们必须寻找其他材质，能够允许信号无线传输。

当时，米持建信已经从机械工程部门转岗到产品保障部门，因此英田弘昭（Hiroaki Agata）与他的机械工程同事们提出了使用玻璃纤维的想法。无线信号可以穿透玻璃纤维传输到笔记本电脑内部，我们决定用玻璃纤维替换 A 面的一小块碳纤维，让信号有足够空间传输。

真正的难题在于如何将玻璃纤维和碳纤维这两种材质融合，而且整个平面要光滑、颜色统一、触感相同。玻璃纤维和碳纤维结合会有结合点，我们必须采用无缝结合技术，并将之打磨光滑。与此同时，我们还需要摸索如何抛光、磨平、着色这两种不同材质，让它们看上去毫无差别。

在传输无线信号的天线上我们也遇到了问题。我们在笔记本电脑的上半部分内置了两个 Wi-Fi 天线，以便它们能透过玻璃纤维传输信号。我们发现，如果将天线位置调整到靠近键盘的机身下半部分，它们便不能正常工作。一方面要精确安置天线，另一方面信号强度会因人手带来的电磁干扰而降低。因此，我们不能将天线安放在离用户打字和操作鼠标区域太近的地方。

与互联网保持无缝连接极其重要，我们不得不嵌入数个天线来支持 Wi-Fi、蓝牙、广域网（蜂窝网络）。整个行业抱着极大热忱为这些系统开发体积最小、功能最强悍的天线。我们的工程师设法将天线体积缩小至几毫米，同时提升它们的分贝水平，以便能轻松接入办公室的访问节点。为此，我们做了无数次试验，我也亲身参与其中，保证工程师们沿着正确的方向迈进。

试想一下，如果你身处会议室，中间有个硕大的会议桌。你将 ThinkPad 放在桌子上，机身掀开一定角度。信号通过 A 面的一个方向传送，但如果那个方向没有访问节点怎么办？结果将是电脑不能接入网络。一家著名的计算机杂志拿一款 ThinkPad 测试网络连接性后，给出了并不是非常好的评价。

我向工程师们展示了一张办公室的照片，让他们论证无线笔记本电脑如何在办公室中发挥效力。通过这样的方式，我不断向工程师们施压。我们有两根天线会怎么样？增加至四根呢？它们应该指向哪个方向？更重要的是，我们如何确保用户在不停移动 ThinkPad 时，设备和软件系统能平稳流畅地从一个节点切换到另一个节点，并恢复建立通信流？我们必须做到平稳流畅地切换。

如果你现在拿起 ThinkPad，试图探寻任何我们努力解决问题的痕迹，那么你会非常失望，因为对于用户端来说，所有工作都是隐形的。现在的设备里，总共有 70 种不同类型的天线。经过一段时间，**我们为用户提供了一项全新功能——高速无线联入网络。这是个魔法，我们是第一家让笔记本电脑实现这项功能的公司。**

猫头鹰先生攻克散热难题

打造出热导管和“猫爪”的工程师中村房延，继续攻克散热问题难关。中村房延研究应对散热问题已有 10 年之久，2003 年，他偶然想到了“猫头鹰翅膀”的概念。同事们喜欢嘲笑他的疯狂想法，但他依旧努力寻找实现想法的路径。

最初几年没有为 ThinkPad 安装风扇，是因为当时风扇易损易坏。随着时间的推移，坚固的新轴承技术问世，可以让我们以更牢靠的方式安装散热风扇。然而，它们体积庞大且会发出噪音。在笔记本电脑的噪音问题上，我们有着非常严格的标准。同时，风扇能耗巨大，这对电池续航时间来说，是个不小的挑战。

中村房延在与噪音消除工程师和散热工程师寻找答案之际，他听到了一个关于猫头鹰的故事。猫头鹰飞行时极为安静。在老鼠还没意识到危险之前，猫头鹰就能突然袭击捕捉到它们。由于老鼠对声音极其敏感，猫头鹰必须在近乎安静的情况下完成捕猎。

中村房延没有对任何活体猫头鹰进行试验，也没有看过探索频道的纪录片。他是从日本新干线的工程师们那里听到的猫头鹰翅膀的故事。日本新干线列车的时速通常能达到每小时320公里。列车车顶两侧各有一个金属手臂，通过这两个金属手臂，列车从车厢顶端的电线上获取动力。两个金属手臂轻浮在电线上，因为如果固定连接的话，列车就没办法高速前进了。

列车工程师们必须解决的问题是，消除金属手臂与电线时刻接触所产生的噪音。两者摩擦产生的尖锐刺耳的声音，令许多人难以忍受。

为了消除或者降低噪音，新干线列车工程师们从猫头鹰翅膀上获得灵感。他们模仿猫头鹰翅膀上羽毛对称的特性，在金属手臂顶端安置了突触。当金属手臂随列车穿过空气向前高速运行时，突触能保证手臂有不同的气流剖面，从而降低了空气涡流产生的噪音。这些涡流是由匈牙利工程师西奥多·冯·卡门（Theodore Von Karman）多年前发现的。

新干线工程师以猫头鹰直线飞行时的翅膀姿态为模仿对象，中村房延的挑战则是在旋转的风扇叶片上使用猫头鹰翅膀的概念。

一开始，中村房延的努力没有奏效。他开始增加试验的次数，包括利用电脑模拟研究各种猫头鹰翅膀的形状。他为每个风扇叶片做了阻断，用来抵消涡流效应。风扇转动时，会产生多个小型涡流，而非一个大型涡流，这不会引起多大噪音。

中村房延找我谈了很多次，我非常兴奋，因为我看到了其中蕴含的巨大价值。他向我展示了风扇叶片的测试数据，但我认为这些数据并没有说服力。因此，我让他继续这项工作。

我将中村房延的想法告诉了时任 PC 事业部总经理弗兰·奥沙利文（Fran O’Sullivan）。她说她家房子后院就有两只猫头鹰，并认为“它们是非常吵人的鸟”。奥沙利文不接受我们的观点，她说猫头鹰翅膀会带来很大的噪音。

我回来后告诉了中村房延总经理的意思，但他找到了其中的奥秘。在一定频率下，风扇叶片会产生刺耳噪音，正如猫头鹰扇动翅膀要飞起来时一样。但在其他频率下，风扇几乎悄无声息，就像猫头鹰扑向猎物时一般安静。中村房延认为，猫头鹰俯冲攻击时比老鹰还要悄声。

就是这样！一切都在于叶片旋转的频率。

除了这项突破，我们还弄清了如何改善整个冷却系统的气流，从进气口一直到气流走过的路径。总之，这些突破让我们将风扇尺寸缩小了 20%，并引入 ThinkPad 中。

中村房延成了知名的“猫头鹰先生”。他的发明创造改变了 ThinkPad 的性质。我们终于能攻克散热问题的难关了。由于风扇体积足够小，我们可以继续轻薄化 ThinkPad。2005 年，第一台应用了中村房延发明的 ThinkPad T60 正式走向市场。“每个人曾经都笑话我，”他得意地回忆说，“现在他们都想知道，我们是如何做到这点的。”

不祥之兆，IBM 出售 PC 事业部

2003 年 10 月，ThinkPad 管理层要我前往北卡罗来纳的 PC 事业部总部，担任整个部门而非 ThinkPad 分支的 CTO。这样的晋升难以让人拒绝，但实际上还有更多内情：几位关键高管知道，IBM 正与联想商谈出售 PC 事业部的事宜。

其中知情的高管之一便是彼得·霍腾休斯。当时，我没有意识到他的战略想法。他一直和我走得很近，并且致力开创未来。他后来解释道：“我们知道，如果能留住内藤君，我们就能保住大和实验室

的地位。联想 CEO 元庆与我有着相同的看法。”

换句话说，联想高层认可大和实验室的价值，作为双方交易的一部分，联想告诉 IBM，他们希望能采取特殊努力来保住大和。霍腾休斯认为，如果我身在总部并最终参与谈判程序，我便可以理解其中的事情，或许还能提供帮助。大和实验室的人仍视我为他们的领导，即便其他人已经承担了我在那里的日常工作。不管我私下里如何自我怀疑，我仍被许多人当成重要的战略家。

在我与妻子抵达罗利市后，不祥之兆开始显现。霍腾休斯认为，公司高层自 2001 年起就在着手处理出售 PC 事业部的事情了。我们显然已不再被视为 IBM 成功的部门。郭士纳在 2002 年出版的《谁说大象不能跳舞？ IBM 的历史转折》（*Who Says Elephants Can't Dance? Inside IBM's Historic Turnaround*）一书中这样描述当时的情况：

> 在我的任期内，IBM 最困难且急需彻底革新的业务就是 PC 部分。过去近 15 年间，IBM 很少甚至没有从 PC 上赚到钱。我们确实是赢得了很多技术成就和人体工学设计奖项，特别是 ThinkPad 系列笔记本电脑，但到头来，它仍是相对无钱可赚的部门。有些时候，我们每卖一台 PC 都在亏钱。

郭士纳解释说，我们从未赚取到足够多的利润，关键原因是英特尔和微软分别控制了ThinkPad的硬件和软件，事实也确实如此。这两家公司在各自的领域占据主导地位，比竞争对手拥有更高的议价能力。这就是他们能吃肉我们却喝汤的原因。郭士纳的分析，为不可避免的趋势埋下了伏笔。

ThinkPad创新理念

○ 我们唯一一件清晰明朗的事情就是必须更加努力地创新，打造全新且优异的ThinkPad。我们的座右铭是"不创新则灭亡"。

08

挑战极限，从尼罗河的源头到珠峰之巅

How the ThinkPad
Changed the World
and Is Shaping
the Future

ThinkPad 一直鼓舞科学家和探险家们挑战个人极限和装备的极限，去探索桀骜不驯的河流，考察记录雨林冠层的生物类别，攀登最艰险陡峭的山峰。在这个过程中，他们改变了探险的本质。

冒险家兼探险家帕斯夸里·斯卡图罗（Pasquale Scaturro）在 2003 年率领首支探险队考察青尼罗河与尼罗河时，带了三台笔记本电脑。其中一台便是 ThinkPad，这并非他设备中最轻薄的笔记本电脑，但他信任 IBM 品牌。他感觉，随着探险队进入海拔近 3 048 米的埃塞俄比亚高原，穿越苏丹，一路到埃及的亚历山大市地中海沿岸，ThinkPad 不会出现问题。

探访尼罗河，从源头走向入海口

斯卡图罗出生在好莱坞，父亲来自意大利西西里岛，母亲则是美国人。他需要一个安全稳妥的方式保存报告和日志，到时传给 IMAX 公司。当时 IMAX 为拍摄电影《神秘的尼罗河》（*Mystery of the Nile*），资助了这次探险旅程。这部电影围绕着探索尼罗河真正的源头是白尼罗河还是青尼罗河展开。

古希腊和古罗马时代的许多探险家，都曾试图从埃及逆流而上，探寻尼罗河，但他们从未到达贡献尼罗河大部分水量的青尼罗河源头。白尼罗河更容易被探索和征服，因为水势相对平稳。很多探险家错误地将白尼罗河认定为尼罗河的源头。

一些葡萄牙和英国的探险家曾徒步沿着青尼罗河和它的分支探寻，但都没有走完完整的河流路线，用斯卡图罗的话说，他们没能“从源头走到入海口”。整个探险之旅极其危险，依据靠独木舟或者皮划艇漂行的困难度，河流可以分为不同级别。平稳安静的河流为等级I，而青尼罗河许多流段的等级高达VI，是难度最高级别，这基本意味着不可能驾船航行。当河水从高地顺势而下，在平原趋于平静，这时极度危险的就是鳄鱼和强盗了。过去很多年来，许多一心想成为冒险家的人都在此丧了命或失了踪。

2003年末，斯卡图罗开始尼罗河寻源之旅。他忘记具体带了哪款ThinkPad，但根据时间判断，应该是XTRA系列中的一款。在他携带的三台笔记本电脑中，ThinkPad是工作的主力机。“我常用ThinkPad。”他在纳米比亚的沙漠中说。纳米比亚是全球人口最少的国家之一。

“我得向IMAX发送文件，”斯卡图罗解释说，“而且是每隔三四天就要发送。”这段旅行时间跨度半年，行程约5 600千米。

斯卡图罗用小型太阳能面板和小电池做了个太阳能充电器，为ThinkPad充电。当时他能通过国际海事卫星电话系统（Inmarsat Satellite Telephone System）联入互联网。虽然通信速度很慢，但最起码能用。在拓展ThinkPad用途范围上，斯卡图罗走在了世界的前头。

只要条件允许，斯卡图罗晚上都会在营地支起张小桌子，使用ThinkPad写旅行日志。探险进入第19天时，斯卡图罗到了埃塞俄比亚，他其中一篇日志写得鲜明而生动："现实中，人们对地球能做的不多。如果明天高原上的人都消失殆尽，整个埃塞俄比亚很快会回到原始的野生状态。在事物的发展过程中，人类是那么渺小而低微。"

由于斯卡图罗在通信设备上的明智选择，他在整个旅程中发送了8万字的文档，这也成了电影同名书籍《神秘的尼罗河》的基础。

就如ThinkPad奇迹般在太空中正常工作一样，斯卡图罗惊讶于ThinkPad多次掉落河水后仍能运转。他把ThinkPad放到黄色皮划艇上的Pelican防水箱中，但并没有更进一步地细致照顾它。ThinkPad经受住了赤道54摄氏度高温的考验，尼罗河在这里穿过炎热的沙漠奔向地中海。此外，ThinkPad还在埃及警察手中幸存了下来，因为没有得到政府准许就穿越埃及边境，警察拘捕了探险队。"这真是台结实的电脑，"斯卡图罗说，"按键没有掉，操作系统也比其他电脑稳定，它没有损坏。"

ThinkPad并非保证斯卡图罗完成探险之旅的唯一因素，或者说决定性因素。但像他这样的探险家们开始接受ThinkPad，并在探索地球尽头的旅程中使用ThinkPad。2006年，联想与探险家俱乐部（Explorers Club）合作，向希望研究雨林冠层的5位环境学家提供了ThinkPad X60超轻笔记本电脑。ThinkPad X60重量约合1.36千克。“采集雨林多样性环境的数据，通常要上到离地面很高的地方，这对任何科学家来说都是挑战。”新佛罗里达学院环境保护系主任玛格丽特·洛曼（Margaret Lowman）博士说，“雨林冠层是我们的办公室，我们的笔记本电脑必须轻薄且可靠，能够抗住这些环境状况。”

登顶珠穆朗玛峰

据我们所知，2002年数位登山家带着ThinkPad攀登珠穆朗玛峰，其中有一位是日本大学生山田笃志（Atsushi Yamada）。他联系到我们，说他想成为全球第一位带着电脑登上世界最高峰的人。他想创造世界纪录，成为登上最高峰的世界最年轻的登山家。珠峰是他的终极挑战，他希望能在珠峰顶上使用电脑。

我们知道硬盘驱动器是ThinkPad一个易损的关键组件。正如前文所说，读写磁头是飘浮在硬盘上方的。我们在考虑NASA带ThinkPad上太空时有过担忧，但最终担心的问题并未出现，因为宇航员是在加压舱和加压太空站内使用的设备。

但山田笃志打算在距海平面 8.8 千米的地方使用 ThinkPad X32，那里气压非常低。读写磁头必定会下坠，从而撞击硬盘造成系统崩溃。

另外两项挑战是电池与屏幕中的液体。当笔记本电脑暴露在珠峰顶的极度低温下，也就是平均气温在零下 34 摄氏度时，电池与屏幕中的液体便会冻住，导致电脑死机。某种程度上说，这些情况比 ThinkPad 在太空中遇到的还要棘手。

为了解决这些难题，我们使用减震器和钛合金骨架为山田笃志打造了一款特殊硬盘驱动器。上山过程中，他将电池组放进上衣口袋保暖，成功登顶后，才将电池安装到电脑上，成功启动 ThinkPad。但在极度恶劣的环境下，电池只工作了 1 分钟。不过对他实现自己定下的目标而言，这 1 分钟已经足够了。山田笃志成了全球首个在珠峰顶使用笔记本电脑的人。

山田笃志并没有实现与全世界实时通信，电池续航能力存在问题是一方面，另一方面是卫星通信系统尚未完全部署。

我会在下一章讲到，采用固态硬盘驱动器后，我们在解决硬盘驱动器问题上取得了长足进步。在重力和空气压力的作用下，固态硬盘并没有普通硬盘那样脆弱。越来越多的登山家开始将 ThinkPad 带到他们的登山营地。

2012 年 5 月，37 岁的美国登山家兼向导埃里克·瑞穆扎（Eric

Remza）携带了一款配有固态硬盘驱动器的 ThinkPad X220 前往珠峰的登山大本营。瑞穆扎的姐姐在联想美国工作，这也是他能拿到最新型号 ThinkPad 的原因。瑞穆扎此行目的是为国际登山指南协会（International Mountain Guides）组织的探险活动做向导，他希望一路上能与外界保持联系。在海拔 5.4 千米高的营地中，他接受了联想的邮件采访。他告诉联想，周围的气温极低，背包中的水和防晒霜已经冻成冰坨。他的 ThinkPad 也遭遇了同样极端的天气。“我确实需要照顾、保护 ThinkPad，但总体来说，不管是出发还是登顶，固态硬盘在严寒中没有出现问题。”瑞穆扎说。他还用 ThinkPad 传输了照片。

固态硬盘驱动器似乎征服了低气压带来的问题。“如果你的电子设备依赖气垫系统运转，那它们肯定会在这样的海拔高度因为气压不同而最终死机。”瑞穆扎补充道。2007 年从西藏攀登珠峰的行动中，瑞穆扎和他的团队购入了数台笔记本电脑，并带到海拔 6.5 千米的营地。但由于这些笔记本电脑的硬盘驱动器依靠气垫系统运转，它们都挂掉了。

营地装备齐全，设有通信帐篷，能使用太阳能充电器和电池为登山队员们携带的个人电子产品充电。起初，瑞穆扎使用尼泊尔私人移动电话公司 Ncell 的无线网卡联网。尼泊尔就在珠峰脚下，但无线网卡效果不理想，因为很多登山家们同时上网，造成了线路堵塞。最终瑞穆扎使用朋友的舒拉亚卫星电话（Thuraya Satellite Phone），才得以发送文件。“对我来说，在崇山峻岭里使用精良的电脑与外界保持联系，与拥有彪悍的夏尔巴人（Sherpa）[①] 以及结实的技术装备一样重要。”他说。

对瑞穆扎和这次探险来说，ThinkPad 另一个极有价值的原因是它能预估天气情况。登山队攀登珠峰的方式是首先抵达营地，而后开始“习服循环”（Acclimatization Rotations）。每天，他们会攀登到一个“高点”，然后返回营地。执行 3 次这样的登顶预练，然后在营地调整休息一周之久。

最后冲顶耗时 4 天，而第 4 天的天气状况尤为关键。“理想的状况是风小，能见度良好，降水量低。”瑞穆扎后来解释说，“一切都要等到最佳时机。”

2012 年冲顶珠峰的最后 4 天里，瑞穆扎没有随身携带 ThinkPad。峰顶没有地方充电，而且卫星覆盖不到。此外，即便设备重量仅有 1.3 到 1.8 千克，也会增加额外重量。在艰苦的攀登过程中，每一盎司的重量都要计算在内。

据我们所知，还没有人成功在珠峰顶使用 ThinkPad 传输过直播信号。2013 年，一位英国探险家在峰顶使用智能手机向 BBC 传输了直播视频，不过这与 ThinkPad 没有一点儿关系。因此，在珠峰顶使

① 夏尔巴人，散居在喜马拉雅山两侧，主要在尼泊尔，少数散居于中国、印度和不丹。他们是天生的登山家，攀登珠峰需要他们搬运装备和做向导。——译者注

用 ThinkPad 传输直播信号的终极挑战仍有待被征服。

正如你所见，**ThinkPad 一直鼓舞科学家和探险家们挑战个人极限和装备的极限，去探索桀骜不驯的河流，考察记录雨林冠层的生物类别，攀登最艰险陡峭的山峰。在这个过程中，他们改变了探险的本质。**过去，探险家和冒险家们常常消失数周或者数月时间，如果能幸存下来，他们回家后会向外界讲述自己的故事。然而现在，他们在探险过程中就能与外界直接沟通交流，让冒险之旅变得更有参与感。我们认为，ThinkPad 帮助他们激发了想象力。

ThinkPad创新理念

- ThinkPad 致力于不断解决难题，以便探险家在探索地球尽头的旅程中放心使用 ThinkPad。

09

跨过大河，联想王冠上的明珠：2005—2008

How the ThinkPad
Changed the World
and Is Shaping
the Future

我对大和实验室的同事们说：“我们必须跨过大河。”这句话在日本文化中极有象征意义。如果我们大家齐心协力，手拉手、臂挽臂过河，那么就不会有人掉入河中淹死。现在的情势下，我们不能待在河边，而联想正在帮助我们渡河。我对他们说：“请信任我。”

2004 年夏天，我担任 IBM PC 事业部 CTO，带着妻子前往北卡罗来纳州履职。当时 IBM 正与几家公司进行谈判，准备出售旗下 PC 事业部，包括 ThinkPad 业务和大和实验室。我提前知晓了这个消息，但要对外“保密”。是霍腾休斯将内情告诉了我。

听到这件事时，我并没有十分惊愕。毕竟 IBM 想出售 PC 事业部也有些时日了。对此，我并不感兴趣。我不是大和实验室 ThinkPad 研发团队的负责人，虽然大和的人对我忠诚，我对他们也是如此，但毕竟另外一个同事才是实验室的领导者。现在，我只能袖手旁观。

2004 年 12 月 8 日，IBM 对外宣布，同意将 PC 事业部卖给联想公司。当时，我们谁都没料到竟然有一家中国公司参与此次收购。我们从未听闻过“联想”这个名字，后来联想将公司英文标识从“Legend”更改为“Lenovo”。

大和实验室召开了员工大会，所有人都在讨论这次出售事宜。当时我身在北卡罗来纳，无法通过电脑观看整个会议情况，因为当时在线会议技术还不够成熟。但我给大和的人打了无数电话、发了无数邮件来了解详情。

显然，大家谈论的情况并不乐观，人们对未来感到恐慌。我们担心工程师们和其他职员会集体辞职。我找到霍腾休斯，对他说："大和实验室虽已不是我的领地，但鉴于这种情况，我必须回去。"

他同意我返回日本。由于不确定这次要回去多长时间，我最终决定和妻子一同返日。

回到大和后，我先参加了一连串的小型会议，随后召开了员工大会。员工们表示这一切不可能是真的，我当然也感同身受。"我也这样，"我说，"感觉不像真的。"

很多人说他们选择 IBM，打算在此奉献一生。我自己又何尝不想为 IBM 奋斗终生？我在这里获得了 IBM 院士称号，这个莫大的荣誉现在似乎要消失了。

但情感共鸣之后，我告诉他们，PC 业务对 IBM 已再无意义。硬盘驱动器、显示器、半导体业务早已被 IBM 卖给他人。**我们也必须离开 IBM 了。如果我们不抓住这次机会，IBM 也许会直接关闭大和实验室。既然我们创立了 ThinkPad 品牌，就要带领它继续走下去。**

我的这番话非常有说服力，说得也非常流畅，之前遇到的公开演讲障碍消失得无影无踪。我的脑袋好像被什么东西敲了一下，突然开窍了。也许因为现在的情形比以往更清晰明朗吧。再一次，我坚定了信念。

我对大和实验室的同事们说："我们必须跨过大河。"这句话在日本文化中极有象征意义。如果我们大家齐心协力，手拉手、臂挽臂过河，那么就不会有人掉入河中淹死。现在的情势下，我们不能待在河边，而联想正在帮助我们渡河。我对他们说："请信任我。"

当然，我说这番话的一个目的是想留住人才，防止他们因为不确定因素而离开大和实验室。一些关键工程师说，他们从未听说过联想，而且他们太爱 IBM 了，不能接受这次并购交易。作为 IBM 大家庭的一员，能让他们有安全感。但我还是客观地说，他们对 IBM 已无价值。我问他们："你们最爱什么？ ThinkPad 还是 IBM？"当然，他们都回答是 ThinkPad。但我仍让他们再认真考虑："你这一生追求的到底是什么？"

民族文化问题是无法逃避的方面。日本的新闻报纸和电视媒体一直向国民传达中日两国政府关系不容乐观的消息。一些日本民众害怕中国的规模，因为中国人口总数比日本的 10 倍还多。还有人担忧中国会清算旧账，中国人会抢走他们的工作、技术，让所有的日本员工迁往中国。大和员工面临的压力与日俱增，亲朋好友们不断问他们，是否真的要为一家不知名的外国公司工作。正如我之前所言，在日本民众心中，IBM是一家彻彻底底的日本公司。

从严格的业务层面看，我倒认为，去联想比留在IBM对ThinkPad更有意义。联想是PC公司，虽然它有意进入移动设备行业，但它首要且最重要的业务是PC。我们正好是联想的业务核心，而这种待遇是在IBM不曾有过的。IBM这家“蓝色巨人”有着众多不同类型的业务，包括软件、咨询、大型主机、服务器等。**联想的优先关注点是PC，因此在联想麾下更容易发挥我们的自身价值，每位员工都能为整体发展做出贡献，我们能获得更多的存在感和目标感。**

从我返回大和到第二年2月份，我反复强调这些观点，并不停重复：“请信任我。”

最后，300位全职员工中，仅有15人因为联想的收购而离开。我留住了大和实验室的核心员工。

我们跨过了大河

2005年3月，收购即将完成前，我的工作岗位彻底转回日本。2005年5月1日，收购顺利完成，我出任联想笔记本电脑研发业务的副总裁。

联想董事长杨元庆一直与我有沟通交流，他邀请我去北京，并承诺设宴欢迎大和与罗利的研发人员。他让我叫他元庆，同时他称我为内藤君。在与他早期的交流中，我能感到他非常谦逊，非常敬仰我。元庆至少小我十岁，在东亚，人们对年长者很尊重，而在美国，这不是惯例。

收购画上圆满句号后，我的团队计划前往北京与联想员工展开为期三天的技术交流。这次活动是两家公司技术研发人员融合的第一步。元庆安排了晚宴。

当我和元庆一起去见即将与日本团队共事的中国工程师时，我们两个私下讨论，认为双方会有很大差异。但我很快发现，大家并没有因为国籍不同而影响交流，所有人说着同一种语言。有时候，两位日本不同地区和行业的工程师之间的文化沟壑，都要比一位日本人和一位中国人之间的差异大。

然而最后一刻，元庆不得不改变计划，没有和我们一起进餐，而是去陪客户了。我们非常理解，客户就是上帝，这再正常不过了。

为了弥补没有与我们共进晚餐的缺憾，早上的技术会议过后，元庆在皇冠假日酒店安排了午宴。元庆最初就承诺要设宴，为了让这次宴会给我们留下深刻印象，他组织了一次中国特色午餐，用白酒款待我们，和尼克松总统首次访华所喝的茅台酒类似。白酒很烈。在中国和日本，喝酒自古以来就是一种建立同盟、抛开繁文缛节的方式。

元庆酒量很好，但为防有酒量更胜一筹的人敬酒，他还带了一位军人出身的高管，这位高管显然酒量过人。元庆一直向我们敬酒，不断说着“干杯”。这个词是为数不多的中文和日文发音相近的词语。元庆敬完一圈酒后，周围的同事又开始了新一轮敬酒。

单论酒桌文化，不接受别人的敬酒是很不给面子的事。不过，我并不是对所有的敬酒都来者不拒。我还记得，元庆说 ThinkPad 团队是“联想王冠上的明珠”，言下之意就是，我们的能力和技术对联想的未来极为重要。元庆的言辞对我们来说也很重要。

我已记不清午宴上的每个细节了，只想起午宴持续了两个小时。与我一同前去的工程师伊藤喜志子就记得很多情形，我当时一定有点儿醉。相信团队里很多日本和美国员工也跟我一样。当天下午我们回去继续参加技术会议时，我不得不使劲摇醒自己。我还记得我问其他人：“我们来这儿开什么会？”

之后，元庆又来到大和，给全体员工做了一次演讲。他讲话很真诚，没有隐瞒。他想表达他对我们的真实看法。当天傍晚，我们邀他去吃日本的传统火锅“涮涮锅”（Shabu Shabu），这种火锅是把牛肉片和其他食材放入锅中一起煮。我们坐在日本传统的榻榻米上。这里不是卡拉 OK，自然没有话筒，元庆和一个同事一起清唱了日文歌曲《北国之春》。原来这首日文歌在中国非常流行，很多人可以用日语唱。我感受到了元庆对我们及日本文化的尊重。

正如我父亲本来可以做到的那样，我开始努力向员工们传递一种不同的中日关系图景。抛开历史上的开战情况，中日也有过合作和互相学习的时期。早在 1 200 年前，日本政府就派遣使团到长安（现在的西安）学习建筑、文字、绘画、豆腐及其他文化，并将之传回日本。

日本古都京都市吸引了世界各地的游客前来游玩，这座城市就是基于在古代中国的所见所闻而建成。我们甚至把中国的“风水”概念融入了日本文化中。风水是中国传统哲学的分支，人们依照风水选址造房、摆设家具，以便让“气”这种神圣的生命力自然流通。因此，人们将宫殿设计为坐北朝南，因为根据风水，南是比较吉利的方位。

我还看到，联想正快速走向国际化。它将英语定为官方工作语言，所有高层领导和关键技术人才都在努力学习英语。所以，日本员工不需要学习汉语就能与中方工程师交流，这对我们来说非常重要。

显然，联想借鉴了 IBM 以及其他西方跨国公司的管理模式、薪资体系以及运营方法。联想远比我们想象的更加透明化。我们本来认为，在大多数中国企业中，往往是由一个小团体或者 CEO 秘密地做出决策。联想的关键决策机构是 10 人执行委员会，这 10 人均是联想高管，来自 5 到 6 个国家，由杨元庆领导。执行委员会一直处于全球出差状态，这个月在欧洲，下个月可能就去北美了。委员会在哪里，就相当于联想总部在哪里。因此，我觉得不一定非得在北京才能做出重大决策。

联想还做出决定，继续运营罗利的部门，与北京一起组成联想的两大总部。做出维持罗利大部分业务的决策非常艰难，即便是欧洲、美国或者日本的很多大型公司，都没有过这样的大胆举措。

我们的确跨过了大河。

中日美“创新铁三角”

正如我之前提到的，我现在是 ThinkPad 研发团队的负责人，与此同时，还掌管着联想中国的笔记本电脑实验室。ThinkPad 的重心仍是商务和教育市场，而中国实验室则以 IdeaPad 系列产品撬动大众消费领域。

协调好两家实验室是个精细活儿，不仅因为工程师们来自五湖四海，有着不同文化差异，还在于每个技术开发小组都有自己的专业术语和开发流程。如果两家实验室融合不畅，或者根本没有融合，就会造成混乱，影响新产品的开发。还记得我第一次去北京，受邀参观工业设计实验室，在那里，我遇到了姚映佳，他是 2008 年北京奥运火炬的设计者。我看见他桌上放着一台木质的新款笔记本电脑的模型，样子很简单，像是小帐篷的两面。这个模型只是一个玩具。

“这是什么？”我问他。

“我的创造。”他说，“还只是个想法。”

这是我第一次看到日后演变成超极本 Yoga 的概念，最终，这一设计也被引入到 ThinkPad 产品线中。通过 360 度旋转的铰链，笔记本电脑上下部分能够翻折成 4 种不同姿态，包括常规笔记本模式、平板模式、便于观看电影的“帐篷”模式，以及用于在厨房翻看菜谱时的模式。这个创意已经播下种子，即将发芽开花。

目前，**联想在全球范围内设有 3 个创新中心，分别位于日本、美国和中国。中国和日本的创新中心负责硬件开发，美国方面则致力于软件、营销、品牌和质量控制事务。我们把这 3 个创新中心称为“创新铁三角”**。

我们经营全球顶级机构已经有 15 个年头了，白发已开始爬上我们工程师的两鬓，许多人已到了知天命的年纪。但是，中国的工程师大都还很年轻。熊木淳（Atsushi Kumaki）是我手下最棒的软件工程师之一，自开发 L40 SX 机型时，他就追随着我。他在中国待了 4 年，对这些二三十岁的中国工程师很了解。

也许是因为年龄和阅历差异，我们和中国同事的处事态度截然不同。大和实验室的工程师已经见识了产品开发中出现的和可能出现的所有难题，而且总是能预测到可能出现的问题和难关。当有人提出新想法的时候，我们的第一反应是解释为什么这种方法行不通。

但中国工程师们的想法就显得比较活跃，他们的态度是：为什么不尝试新方法呢？“中国员工的思维更开放，他们喜欢跳出常规思维框架来思考问题。”熊木淳解释说，“而在日本，拥有二三十年工作经验的员工会说，‘根据我的经验，这种方法行不通’。我们自己就封停了想法的迸发。有时候，经验反而会阻碍你做出成绩。”

就创新风格而言，熊木淳说，日本是一步一个脚印积累，研究如何打造高质量产品。“但是我们不擅长观察大局。我们往往从基础做起，但中国人擅长纵观大局、设定宏伟目标，即使目标最终不可能实现，他们也会选择付诸努力。”

虽然中国员工整体技术有待提升，但是他们这种“能行”的态度让我们眼前一亮。

我邀请了很多北京、上海和深圳的员工前往大和，观摩ThinkPad的研发过程。我也派遣包括熊木淳在内的大和团队前往中国。同时，我还让机械工程师和无线技术工程师帮助中国研发团队解决他们面临的技术难题。

在这期间，我积极传递知识。有些员工出于对两国文化的质疑，跑来问我：“我们真的要倾囊相授吗？”

我回答说：**“许多人认为，你要保持强大地位，就要留一手。这种想法是错误的。如果你感觉把知识传授给他人后自己就一无所有**

了，那你需要走出去学习更多的东西。”

“小太刀”项目，与乔布斯硬碰硬

我在负责整合这些研究工作的同时就意识到，我们正面临着来自客户的巨大压力，他们希望得到保证，保证 ThinkPad 的灵魂不会变，包括卓越的品质、可靠性与创新性。毕竟我们现在归属联想。时任 PC 事业部总经理弗兰·奥沙利文的技术助理杰里·帕拉代斯（Jerry Paradise）回忆说：“约见的每一位客户都问我们这个问题，‘收购之后，ThinkPad 的品质会有什么变化吗？’有人推测说，我们会走许多中国产品的路线，也有人推测，我们会找廉价工程师取代现有人才，因此品质会下降。”现在，帕拉代斯担任营销主管一职。

联想董事长杨元庆也能感受到这种压力，他显然希望我们能打消大家的疑虑。援引元庆的话说：“我们想告诉世人，如果说行业内有哪家公司能够始终坚持开发出最具创造力、质量最好且效率最高的产品，那么只能是联想。”

公司内部的所有人都可以说是信誓旦旦。我们希望打造高品质的产品，这样一来，那些质疑的声音就自然会被湮没。首席设计师戴维·希尔在制定决策、完成上述目标的过程中发挥了重要作用。项目代号为“小太刀”（Kodachi），意思是日本武士所佩带的双刀中较小的一把。

我们大概是在完成收购的一年后，也就是2006年6月开始启动“小太刀”项目。希尔希望设计一款10英寸屏幕、全尺寸键盘的1英寸厚的机型。可以说，他是想重拾1995年我们尝试的蝴蝶机概念。希尔在大和实验室与我们并肩作战，也与中国的其他设计同事们一起努力，当然还有在ThinkPad业务从IBM改姓联想过程中坚守下来的设计师理查德·萨博。当时，大和实验室每天都会发送设计图纸，解释各类组件和电子元件如何组装到一起。

到9月末左右，我们清楚意识到13英寸屏幕的笔记本电脑成了主流，因为它的电影观赏效果极佳。人们使用各类手持设备观看视频的热度呈现爆炸式增长，部分原因在于通信网络得到升级，能够传输更大容量的数据。10英寸屏幕显然已过时了。希尔认识到这一点并做出让步，我们放弃了键盘悬在机身四周的设计理念。

为了能继续引领行业，我们一致决定要采用三大关键核心技术。

第一项是采用配备NAND闪存技术的固态硬盘（这也是登山家为攀登珠穆朗玛峰而用的硬盘），取代曾让我们头痛不已的硬盘驱动器。固态硬盘使用半导体器件而非传统的读写方式保存数据，速度快，但造价相对高昂。然而体积比机械硬盘小很多，这就给我们缩小“小太刀”产品的尺寸提供了空间。

第二项是屏幕采用发光二极管（Light-Emitting Diode，以下简

称 LED）背光技术，这大大提高了观影感受。用户要能非常清晰地看到屏幕显示的图像，屏幕背面需要有光源。我们此前一直使用荧光技术，但是 LED 效果更佳，同时更薄。这也是 ThinkPad 架构中又一项大变化，符合我们打造超薄笔记本电脑的目标。

第三项则是从松下公司引进的光学 DVD，这是另一项旨在推进视频发展的元素。台式电脑上使用的 DVD 驱动器厚度为 25.4 毫米，而后很快缩减到 12.7 毫米，甚至达到 12.5 毫米。我们需要驱动器更薄一些，松下将它的厚度降到了 9 毫米。但是我们始终坚信还可以更好，最终松下将光驱厚度降到了 7 毫米。至此，我们也是首家采用 7 毫米 DVD 光驱的公司，同时也是最后一家使用这种配置的公司，因为 7 毫米光驱制造工艺十分困难。

我看了材料充分的新品介绍后认为，想要同一时间将如此多的新技术整合到一起是存在风险的。如果其中一项失败了，整个计划就会面临全盘皆输的局面。但是我想证明的是，联想收购我们，并不是他们亏了！“内藤君冒了一次险，”霍腾休斯回忆道，“我们必须保证固态硬盘能工作，必须配备 7 毫米 DVD 光驱。这种包络功率从未出现过，因此我们必须找到冷却这些零部件的方案。我们还需要采取一系列措施使这款产品与众不同。”

2007 年 1 月份，我们进入了“小太刀”项目的策划阶段，预计 2008 年 2 月份正式启动计划。

2007年10月，我们遇到了一个可能造成项目跳票的威胁。两家亚洲固态硬盘供应商没能通过联想的质量控制检测，这就意味着我们不得不放弃这两家供应商，临时寻找其他选择。12月初，我们约见联想核心质量审查委员会，因为我们承受不起项目延期带来的后果。当时可谓是无比艰难。委员会告诉我们，还没有准备好就不能投入生产。

到现在为止，霍腾休斯和其他高层已经见过了这款名为“X300”的原型机。他们看后感到十分震撼。新机重量约为1.4千克，低于此前定下的1.5千克。

我们一致认为，不应该完全停下研发的进程，尽管另一边还要筛选固态硬盘供应商。曾经和我一同参与L40 SX开发工作的马克·科恩，现任霍腾休斯团队的运营主管，他打算来一次冒险，下令深圳的工厂开始投入试生产。与此同时，努力寻找符合标准的新的固态硬盘供应商。我们对质量审查委员会采取了忽视态度，因为如果当时完全按照规定中止研发的话，我们可能就会错过关键时期。当我们找到新的供应商并获得批准后，就迅速投入到了生产阶段。我觉得质量审查委员会肯定没意识到，我们当时对他们是视而不见的。

我们原计划于2008年1月25日开始彻底进入生产制造阶段。但是就在1月15日，开始生产前10天，史蒂夫·乔布斯发布了全铝机身的MacBook Air，并宣称它是“全球最薄笔记本”。在一则电视广告中，为了展现产品的超薄特点，他从一个办公信封里拿出了 MacBook Air。我们担忧这会影响 X300 的发布。

我当时不在北卡罗来纳，没有亲眼看到所发生的事。但史蒂夫·哈姆（Steve Hamm）在《商业周刊》的“封面故事”专栏发表文章透露，当天午饭时间，在了解到乔布斯发布新品后，霍腾休斯对行政助理喊道：“菲丽丝，给我拿一个办公信封来！”

菲丽丝·阿灵顿·麦格里（Phyllis Arrington McGree）在档案柜找到了一个信封，将它递给霍腾休斯。霍腾休斯把 X300 装了进去，喊道：“正好啊！正好啊！”

我们随后也意识到，还有很多功能需要植入到这款产品中，包括指纹读取器、实现无线上网功能的广域网卡以及 CD 驱动器。霍腾休斯决定制作一段 YouTube 视频，来嘲弄乔布斯的“信封秀”。视频内容是将 MacBook Air 开机运转所需要的电源线和其他装置全部装进信封，结果是撑破了信封。相比之下，内置众多外围设备的 ThinkPad 却能轻松装进信封。现在这段视频仍可在网络上观看到。

这也是我们第一次与大师级人物乔布斯硬碰硬。想必也不会是最后一次与苹果公司交锋。

X300 的价格定在 2 700 美元至 3 000 美元，依任何标准看，这一售价都十分高昂。联想是 2008 年北京夏季奥运会的赞助商，因此奥运会期间重点对 X300 做了推广。这对联想来说，是一次在世界舞台上亮相的机会。我们视 X300 为提升公司整体形象和声望的“光环级”产品。但是生不逢时，我们推出它的时间节点恰逢 2008—2009 年爆发的金融危机。经济萎靡，消费者也是节衣缩食。最终我们停止了 X300 的生产和销售。但是，至少我们已经向世界展示了自己的新技术，为 ThinkPad X1 Carbon 机型奠定了基础，做好了铺垫。

联想横滨大和实验室

IBM 日本办公室位于大和，能容纳 3 000 人工作，这是 IBM 日本全盛时期的水准。大和是个小镇，近年来随着 IBM 退出众多业务领域，越来越多的实验室和办公室人去楼空，许多部门也卖给了他人。这些部门里我所有的朋友们也都离开了。

到 2010 年，我们已经在联想 5 个年头了，但是依然在大和租用 IBM 的办公场所。不过，IBM 继续拥有这些地方的产权也是很受争议的。IBM 可能随时离开，所以我们决定不能继续等下去了。如果 IBM 离开，我们就成了街头的流浪儿。于是我们开始另寻办公地点。

元庆非常支持这项决定，认为员工应该搬到交通便利、餐饮和购物方便的地方办公。我希望找到一个不需要员工们重新购置新房、举家搬迁的地方。如果所有人都需要举家搬迁，这会使公司支出很大一笔开销。

所以，新实验室的位置离哪儿都不能太远。我们还需要大空间来安置所有残酷测试的设备，包括体积庞大、高达一层半楼房的震动机。它们极重，我们需要结实的地面能撑住这些设备。还有些设备噪声很大，不适合离办公区太近。

我看了很多地方，有些物业公司很乐意给我们提供办公区，但是不同意让我们安放重型机械。如果我们拿一个仓库放重型设备，就要在仓库内分配出办公区。但是大多数仓库的基础条件并不是非常好，而且都处在工业厂区，这不符合我们的要求和想法。我要的是能够体现创新精神和高品质的空间。

我开始在距离大多数员工乘火车不到 1 小时远的横滨市区内寻找办公场所。当时，横滨正在填海造陆，以东京湾为追赶目标，开展宏伟的城市开发计划。这片区域叫作“横滨港未来”（Minato Mirai），意思是港口的未来。

这里与大和不同，有大型购物中心、餐馆、会展中心、大型酒店，以及日本最高的摩天大楼之一路标大厦（Landmark Tower）。大和就没有这么多的购物与餐饮选择。与此同时，这里看上去更容易与世界接轨，你能看到飞机在东京国际机场起降。

我最终购置了一座大楼的 20 层和 21 层。测试设备则安置在一栋有 3 层楼的配楼内，无论是震动响声还是噪音，都不会打扰到任何办公区的工作人员。

那么新实验室和办公室叫什么名字呢？很多人，包括公司内外的人都说："内藤君，就不要换名了。大和已成为一个品牌了，没有人会说，'横滨做过这个，横滨实现了那个'。"因此我们就把新办公区叫作联想横滨大和实验室。

我没有因为此次搬迁失去一兵一卒，我们离开大和后，很快，IBM 真的就搬离了。如果当时没有动身先走，恐怕那对我们来说就是一场噩梦。

不过，灾难总会不期而至。2011 年，全世界都在关注日本大地震。3 月 11 日下午 2 点 50 分，横滨发生地震，当时实验室和办公区都已落成就绪。震中位于东京以北，福岛沿海周边地区。随后接踵而来的是一场海啸，大水淹没了一家核电站，导致辐射物外泄。当时我正在藤泽的家中，有震感。这是我经历过的最严重的地震，顿时就担心东京、横滨等沿海大城市会被大火吞噬。

幸运的是，日本的建筑技术已经发展了很多年，足以保护大楼不受地震冲击。毕竟，地震是日本常发生的事情。日本大楼的移动地基能应付地震。根据我的理解，大楼实际上是浮在地基上的，以此减缓地震带来的冲击。

地震发生时，熊木淳和很多人都在新办公大楼内。在供电一度中断的情况下，他们依然能使用电池与美国同事发消息，所以并没有完全与世隔绝。

熊木淳回忆说，地震发生时以及随后的余震中，主管们办公室的滑道玻璃门来回滑动，这种情景确实非常恐怖。21 楼的一个吊灯来回摆动，幅度大到撞上了一侧墙体。这一点足够让你感受到大楼当时晃动的程度了。但是大楼本身就是可移动的，除了灯具，我们并没有遭受实质性的损失。

由于断电，电梯停止运行，打算回家的人必须走楼梯。大街上到处都在堵车，因为信号灯失灵造成了交通混乱。对一些员工来说，回家的唯一方式就是走路。许多人在大楼里过夜，用手电筒照明，吃一些先前储存的速食。我通过邮件和我的秘书保持联络，得知无人受伤后才松了一口气。

大家透过 20 楼的窗户向外望去，看到东京湾的很多炼油厂着起了大火。东京就在我们和福岛之间，所以任何次生火害都可能带走无数人的生命。

我们面临的问题增加了两倍，一是帮助员工走出地震影响，其次是填补供应链的缺口。

当所有电力恢复时，我们创建了指挥中心，或者叫“作战室”，来协调所有准备工作，同时照应需要帮助的人们。早在地震发生前，每位员工就配备了应急背包，里边装有水、应急食品，以及类似铝箔材料制成的特殊外套，必要时能用于保暖；还有电话充电器、安全头盔、GPS定位设备，以便发生大面积破坏时能确定家的位置。我认为我们还需要添加的一件东西就是多备一双鞋。

我们再三检查这些方案，也努力思考其他应急预案。如果供电再次中断，我们是否会断开电脑和服务器的连接？如果我们需要撤离大楼，如何保证每个人都安全撤离？比地震更为凶险的是高达二三十米的海啸，我们处于海平面高度的开垦地带，能够保护我们不受地震冲击的防震技术，并不能抵住海啸的破坏。

在处理员工的安全问题期间，我们还面临着业务上的难题。一些ThinkPad零部件的日本供应商遭受了地震的致命打击，而ThinkPad已经在深圳、上海两地开始组装生产了。一家生产小型电子连接器的供应商恰好位于福岛北部，他们已经不能继续生产了。

一家提供半导体元件的日本供应商也遇到了严重的问题，他们的无菌室在地震中被彻底摧毁了。无菌室必须保持恒温，不允许有颗粒飘浮。

我们还建立了另一个“作战室”，用来追踪所有供应链问题。基于这种局面，我们对ThinkPad的设计进行了微调，寻找新的供应商，尽快让他们的产品达标，而不是坐等某家供应商重整旗鼓。我的老朋友米持建信就负责全球产品保障工作。

尽管我们走在技术前沿，很多人都生活在大城市，但日本民众总是时刻提醒自己，我们在大自然面前是多么不堪一击！

ThinkPad创新理念

- 联想全球范围内设有3个创新中心，分别位于日本、美国和中国。中国和日本的创新中心负责硬件开发工作，美国方面则致力于软件、营销、品牌和质量控制事务。我们把这3个创新中心称为“创新铁三角”。
- 许多人认为，你要保持强大地位，就要留一手。这种想法是错误的。如果你感觉把知识传授给他人后自己就一无所有了，那你需要走出去学习更多的东西。

10

Yoga和“消费化”问题

所有一切都关乎信任，即客户心中有我们。“信任”一词，是我一直向员工着重强调的。我不断反复强调的另外一个理念是，我们所做的一切必须要能帮助用户实现“成功”，并提高他们的“生产率”。这些远比空洞的企业口号更有意义，这些就是我们的工作根基。

为实现 ThinkPad 技术和营销上的双跨越，我们推行了两个不同的方案。第一个是与中国实验室合作开发 Yoga。2005 年我走进联想位于北京的办公室时，第一次看到了 Yoga。第二个是开发并推出 ThinkPad 第四代 X1 Carbon。两条开发支流，最终汇成一条威武的大河，促成 ThinkPad 史上最大规模的转型。

有些人质疑我们，与联想中国实验室实现强有力的合作会耗费很长时间。但我相信，正确的处理方式就是一步一步完成。中国实验室的进度以及组织水平必须要与我们的水平匹配。毕竟，多年来我们煞费苦心设计了所有残酷测试，积累了每个组件、每个步骤的数据，因此我们能做出有据可查的决定。年轻的中国工程师对学习抱有极高热情，但他们需要时间。

2011 年，联想收购 PC 事业部的第 6 年，我们之间的合作开始出现紧张情况。那一年，彼得·霍腾休斯任命我为联想集团的首席研发官（Chief Development Officer，简称 CDO），而不只是管理 ThinkPad 部门，这就要求我负责包括台式 PC 和其他设备的开发工作。我将管理日本、中国以及美国的研发团队。这是我们的“创新铁三角”，是我们战略中绝对重要的一环。到现在，中国工程师们开发了两款 Yoga，一款是 11 英寸屏幕，另一款是 13 英寸屏幕。作为新工作的一部分，我需要帮助他们完成这两款新品的开发。

我几乎每天都与中国大陆的几位主要高管通电话。“你们的问题是什么？”我问他们，“你们应该以这种方式和格式汇报问题。”他们都会认真地倾听。

我特别欣赏奥黛丽·王（Audrey Wang）的工作风格。她非常年轻，是 11 英寸 Yoga 的项目经理。奥黛丽不是工程师出身，但她负责保障项目按时完成，并保持与相关人员沟通，让大家知道进展情况。这是全球性的开发工作，她知道需要我的帮助，因为联想内部没有几个人具备全球开发的经验。正如此前大和实验室学习如何在多个国家、多元文化下运转一样，奥黛丽这样的员工正走在我们曾经走过的道路上。早上起床后，我能看到她凌晨两三点发给我的电子邮件。我不禁感叹，日本人并不是唯一疯狂工作的家伙们，中国人也很疯狂。他们正经历与我们相同的学习曲线。本质上，我们没有区别。

联想团队存在几个问题，特别是 11 英寸 Yoga 团队面临着巨大挑战，原因是微软推出了新版移动设备操作系统“Windows RT”。我们完全不熟悉这款系统，因此很难管理好软硬件融合。

两支 Yoga 团队很难找到合适的位置和方式安放天线，来让电脑无论处于何种姿势都能无线联入网络。如果电脑至少有 4 种使用姿势，那么遇到的问题会非常棘手。

更令人头痛的问题是，连接机身上下部分的铰链。电池位于机身下半部分，靠近主板电路，而屏幕和摄像头则位于机身上半部分。显然，屏幕、摄像头需要与电池相连，特别是在新版 Windows 系统下，摄像头需要更多线路才能正常工作。因此，势必要有比以往更多的线缆穿过能 360 度旋转的铰链。如果所有零部件不能精确连接，那么电脑显然不能开机。我派遣 ThinkPad 开发团队中最棒的美国和日本工程师前往中国，在那里待上几周甚至是几个月，与年轻的中国同仁们一起攻克难关。我们逐渐凝聚到一起，成为联想笔记本 PC 开发团队的一分子。

2012 年 8 月，11 英寸 Yoga 面市，同年 12 月，13 英寸版本与大众见面。这两款机型都使用联想 IdeaPad 品牌而非 ThinkPad。那时并非是 ThinkPad 试水全新尺寸和外形的合适时间点。

X1 Carbon，拿下市场的甜蜜点

在我与联想团队合作开发针对大众市场的产品时，我们希望维

持 ThinkPad 自身的创新步伐。ThinkPad 受众群更多是商务人士和大学机构。ThinkPad X1 的开发工作主要集中在削减成本上，同时还要保留尖端技术。2008 年推出的 X300 机型有着当年最顶尖的技术，但销量却令人失望，一方面是因为售价昂贵，另一方面则在于金融危机和经济衰退。

2010 年，担任 ThinkPad 业务部门营销副总裁的迪利普·巴蒂亚（Dilip Bhatia），负责向客户推介产品。巴蒂亚将很多时间都放到了客户咨询委员会（Customer Advisory Council）的会议上。在这些会议上，他召集重要客户，向他们展示 ThinkPad 极具未来性的原型机。巴蒂亚希望了解客户的需求。在旧金山，他会与思科、谷歌、微软以及甲骨文的重要人士进行讨论。在纽约，他会召集花旗集团和强生公司等金融和制药公司出席这类咨询会议。这些公司传递的消息几乎呈现压倒式：让 ThinkPad 更具吸引年轻用户的魅力，包括提供更好的视听功能。

这是极其困难的平衡做法。**我们希望维持客户期望和需要的功能，同时又能对新鲜需求和新鲜技术做出响应。**我们最终引入了背光技术，以呈现更好的视频观看体验，同时增加杜比家庭影院音效，为喜欢音乐和视频的用户提供绝佳享受。我们还使用了美国康宁公司（Corning）的大猩猩玻璃（Gorilla Glass）打造屏幕。康宁的玻璃非常坚固，是替换高损坏率的塑料屏幕的合适选择。

与此同时，**我们希望继续削减键盘的厚度，进而让整体机型更**

轻薄。但我们不想牺牲过去多年来积累的键盘触感体验。1991年推出的L40 SX，键帽距触底发出“哒”声有3毫米距离。我们能依此绘制图表，确定按键反馈的理想力道曲线。

随着近几年竞争压力的不断提升，我们开始将距离从3毫米缩小到2.5毫米。一些竞争对手愿意牺牲触感来换取更薄的键盘，但我们拒绝在触键力度曲线上做出让步。我们不断改善按键的悬架机理，不断为键帽下方的座垫试验新材料。

最终，我们将按键触底距离缩减至2.2毫米，然后是2毫米，在ThinkPad X1上则为1.8毫米。在这项改进的推动下，第一代X1机型的厚度只有17毫米，大约等于一美分的直径，重量不超过1.4千克。虽然17毫米较X300的23.4毫米变化轻微，但意义非凡。

后来，巴蒂亚晋升为ThinkPad业务部门的总经理，并开始讨论如何利用ThinkPad的碳复合材料优势。自1992年以来，ThinkPad已采用了各类碳复合材料。碳材料比大部分金属质量要轻，但强度更高。

在探讨X1后代产品时，我们开始针对电脑A面尝试不同外观和材质。使用碳纤维后触感会是什么样？摸起来会有些轻微粗糙吗？我们曾尝试将碳纤维最上层可视化，这样消费者就能立刻知道这些设备与其他使用铝制材料的产品完全不同，但这套方案的成本极其高昂。

在最终分析讨论的时候，巴蒂亚想到了一个绝妙且简单的法子。

为何不保持 ThinkPad 的一贯触感，但在名字中使用“碳”（Carbon）这个字？这个创意非常简单有效。

X1 Carbon 于 2012 年 8 月上市，与联想 Yoga 产品的发布时间大致相同。显然，有了 X1 Carbon，我们意在拿下市场的“甜蜜点”，让它成为众所周知的超级本。超级本源于我们的电脑终端用户，即专业人士的需求，平板电脑则源于另外的终端用户，即以娱乐为目的的用户的需求，在这个甜蜜点上，超级本要与各类平板电脑竞争。比如包括苹果 iPad 在内的平板电脑没有键盘也可以使用，但它们无法像笔记本电脑那样提供完整的生产力。很多专业用户喜欢翻盖式笔记本，但他们希望这些设备更薄、更轻。

我们将 X1 Carbon 的机身重量从最初的 1.5 千克减小到 1.4 千克，但同时 X1 的屏幕尺寸却从 13 英寸扩展到 14 英寸。电池续航时间达到 8 小时，启动时间则缩减到 20 秒以内。

我们与苹果针尖对麦芒，所有人都知道这点。澳大利亚科技评论媒体 ARN 的帕特里克·巴德马尔（Patrick Budmar）2012 年 10 月刊文称，凭借 ThinkPad X1 Carbon，联想在已硝烟四起的超级本竞技场上下了战书。

其他人也在称赞 X1 Carbon。在 CNET 登载的评论中，作者丹·阿克曼（Dan Ackerman）写道：“乍一看，ThinkPad X1 Carbon 与其他

ThinkPad 外形无异，但握在手中却凭借轻巧、轻便脱颖而出。”

然而，苹果似乎主宰着媒体的注意力。X1 Carbon 发布一个月后，我在横滨接受一家国际媒体的采访。科技行业新闻机构 ZDNet 的记者廖云清（Liao Yunqing，音译）问我如何看待苹果。**“我不能忽视苹果，但也不惧怕他们。”**我回答说。这句话也成了她的报道标题：“Think-Pad 之父‘不惧怕’苹果。”

我应该怕吗？按她的想法，我不害怕是有些疯了。但我认为许多媒体一直在给苹果捧场，即便我们拥有明显的技术优势。

将 Yoga 元素融入 ThinkPad

到 2013 年，两条创新之河相汇的时机已然成熟，其中一条是 Yoga，另一条则是令竞争对手惧怕的 ThinkPad 品牌。我们将对 ThinkPad 传统的形状进行最激烈的变革，这也是自 ThinkPad 问世以来幅度最大的变化。

我们曾推出 ThinkPad 变形本，但它只支持两种模式，一是正常的翻盖模式，另一种是平板模式。在 Yoga 项目上研究一段时间后，我们意识到 Yoga 的四种操作姿势比我们的变形本表现更好。

但在将 Yoga 元素融入到 ThinkPad 产品线之前，我们需要解决另一个问题。当处于平板模式时，意味着 ThinkPad Yoga 机身上半部分要向后翻转到与最下边的D面吻合，那么键盘将成为最底一层，直接与桌面或者其他硬面接触。因为键盘悬架在C面上，所以会直接裸露在外。任何移动都可能造成按键损坏。

机械设计负责人英田弘昭在“猫头鹰”先生中村房延的帮助下解决了键盘问题。他们最初测试的方案是，施加足够的力使按键缩回键盘支架中，进而保护按键。

键帽安放在两个交叉的机械手臂和橡胶座垫上。研究团队预计，需要6千克压力才能使按键缩回支架内。因为键盘有100个按键，分列6排，压力需要同时作用在全部按键上才能让它们缩回。我们如何产生这个压力？即便我们能找到法子，也必须拥更大、更强壮的电脑设备才能抗住这么大的力道。我们不想采取这一方案。

团队想到了新主意，为何不反其道而行之，让支架抬升到与按键持平的高度？整个键盘面会成为完整的平面，这样按键就能避免损坏。这有点儿类似奇异设计师鲁布·戈德伯格（Rube Goldberg）① 的风格。机械工程师们在两个铰链上钻了小凹槽，将其与两个滑动杆相连，这两个滑动杆能沿着机身左右两侧内部的轨道来回移动。同时，滑动杆与贯穿机身下半部分支架内的钢丝连接，左侧滑动杆连到右侧，右侧接到左侧。他们向我描述这套方案说，当用户直接翻转电脑成为平板

① 美国著名漫画家、雕刻家、工程师。戈德伯格设计风格指通过一连串复杂的连动机构，或是利用关系触发去完成一件简单事情。——译者注

模式时，钢丝会自动将支架抬升到理想高度，不需要马达提供动力。

当我第一次听到他们的想法时，我说：“拜托，你们是认真的吗？”我不相信这个方法能成功。

但他们从细节上入手继续研究这个想法。这需要极其精确的生产工艺和严苛的控制系统，而且所有容差必须准确无误。经过最终分析，这套方案能够实现。我们称其为“提升和锁定”系统[①]，这创了行业的先河，我们将创新抬上了新台阶。

通过这些努力，我们于2013年9月在欧洲发布了12英寸ThinkPad Yoga，同年11月这款机型又登陆了美国市场。

2014年，我们将ThinkPad Yoga屏幕扩展至14英寸。2015年，我们又乘胜追击，推出了4款ThinkPad Yoga。这是场真正意义上的产品闪电战。

但我们最瞩目的机型是14英寸ThinkPad X1 Yoga，这款电脑包含了我们全部的顶尖技术。2016年1月在拉斯维加斯举办的消费电子展（Consumer Electronics Show，简称CES）上，X1 Yoga首次与公众见面。X1 Yoga能在4种姿态下运行，机身重量仅为1.3千克。

在ThinkPad X1 Yoga上，我们配备了有机发光二极管（Organic

① 中国称之为呼吸键盘。——译者注

Light-Emitting Diode，以下简称OLED），这是PC行业内首次应用这一技术。OLED是由三星电子和其他韩国大型电子公司开创。它们已将OLED应用在了智能手机和平板电脑中，ThinkPad率先将这项技术引入到超极本上。

OLED中，“O”代表着“有机”，这并不是说屏幕内有任何生物组织，而是使用了一种有机材料碳。通电后，每个像素都会发出光亮和颜色。与LCD的像素不同，OLED像素不需要背光，因此屏幕可以更薄。

OLED最引人瞩目的一点是出色的色彩度和画质清晰度，从任意角度观看的效果都是相同的，这与一些大尺寸电视屏幕体验不同。

不过，我们必须要解决OLED屏幕面临的难题。如果图标在屏幕左侧停留太长时间，会开始侵蚀OLED材料。这一问题被称作“图像残留”。如果过多能量长时间注入同一位置，会造成OLED屏幕像素退化。

我们必须从硬件和软件两方面寻找解决对策。硬件上，我们研究如何测量每个像素经受的积累应力，软件方面的解决方案是为用户提供“调光任务条”以及“背景调光”选项。这些功能基本上保证了用户观看或使用一个窗口时屏幕的最大亮度，同时最小化其他后台窗口的亮度。“调光任务条”位于屏幕最下方，当用户切换到其他窗口或者返回任务条时，屏幕的亮度会随着用户操作而改变。这种转换有助于OLED屏幕能耗最小化，并减小“图像残留”的问题。早在十多年前，我们就为这套控制软件申请了专利，目的是节省 LCD 屏幕能耗，但我们意识到，它对 OLED 屏幕来说更有价值。

X1 Yoga 配备了“主动式触控笔”，可以在屏幕上画示意图、写概念，或者更改文档。X1 Yoga 能够捕获这些图片，传送给其他人，这开创了用户之间合作的全新方式。感觉就像是在使用真实的白板概述创意，只不过使用白板展现想法的话，不能以电子形式分享给身在远方的他人。我们很多年前推出过一款带有手写笔的产品，但由于当时技术不成熟，这款产品以失败收场。但这一次，我相信手写笔能被大众接受。另外，其他问题也得到了解决。我们在电脑机身内设计了放置手写笔的空间，存放的同时还能充电。手写笔放置在哪里以及如何充电，长久以来都是用户的痛点，但我们解决了这个难题，为人们使用电脑和分享复杂的想法开创了新途径。

消费运动和设计挑战

正如我所说的，ThinkPad 通常主要卖给大学和企业的 IT 部门，这些买家重视安全性和可靠性，在意设备的总体拥有成本，希望设备尽可能外形一致而且安全指数高。许多技术控也购买我们的产品，他们是 ThinkPad 的发烧友，但不是主要用户群体，至少在美国市场不是。

不过五六年前，随着苹果旗下众多产品的日益流行，这些企业和机构的员工开始要求拥有设备自主选择权，他们希望自己能定夺在工作、生活以及出差时使用哪款设备。大公司和校园内部的均衡态势似乎出现了变化，他们不希望再使用掌管IT部门的高级副总裁定下的产品，而希望使用自己的设备。这对我们来说，似乎是直接的挑战。

我们一直将自己的设计视为理性之作，而苹果似乎将更多精力放在了情感联结上。苹果MacBook与用户有强大的情感联结，其中一个原因便是MacBook的铝制机身。苹果使用“电脑数控机床”（Computerized Numerical Control，简称CNC）技术将铝块削成了MacBook独具特色的平滑曲线机身，这让很多消费者痴迷。

但对于像我这样成长在IBM思维模式下的人来说，这种昂贵方案不在我们最疯狂理想的范围内，我们更多关注的是降低成本。苹果的设计和生产工艺一直能惊艳到我，它们理解的是情感，我们思考的是理性。

但现在情感与理性之间的分界线开始变得模糊不清。我们内部争论了很长时间，到底是否应该“消费化”ThinkPad的设计来回应苹果。

没想到，ThinkPad在企业和高校内部面临的真正挑战是iPhone，而不是MacBook或iPad。生活中喜欢用iPhone的人也会想用它给生意伙伴打电话、发邮件。而使用苹果笔记本、超极本以及iPad Pro的用户，则很少用它们来处理商务事情，原因是这些产品在应对严谨的文档和电子表格上表现得力不从心。

不过，我们仍很担心人们会将ThinkPad抛诸脑后，转而拥抱外形靓丽动人的其他设备。我们一直讨论如何在ThinkPad中融入更多情感。从X1开始，我们将ThinkPad边缘纤细化，较ThinkPad长久以来敦实、方方正正的轮廓有了些许变化。X1的设计调整广受好评，随后我们为X1 Carbon机型引入了更多魅力元素，但市场反应平平。

ThinkPad X1 Carbon仍是黑色，但我们加入了一些银粉，让设计更为有趣。接下来的一年中，我们了解到这种做法有点儿过头了。我听到很多用户反馈，特别是中国ThinkPad粉丝俱乐部的成员们。在与他们面对面交流沟通时，他们告诉我，中国最棒的黑色是“帝王黑”，意思是极致纯黑。他们非常坚定地不想要其他任何浅黑色，并希望我们能将ThinkPad改回纯黑色设计。事实上，我们已决定重新启用“帝王黑”颜色。谁能预料到用户能如此敏感呢？

我们继续致力为ThinkPad注入更多情感，但必须按照自己的方式来。我不能透露具体的计划，因为这会向竞争对手泄漏我们的商业机密。但大众可以期待新的视觉设计元素，而且这些元素不会惹恼我们的全球中坚拥护者。

人与日常使用的所有物的设计之间都有很深的情感联结，当涉及沟通和工作时，这种联结似乎更加强大。**所有一切都关乎信任，即客户心中有我们。“信任”一词，是我一直向员工着重强调的。我不断反复强调的另外一个理念是，我们所做的一切必须要能帮助用户实现**

“成功”，并提高他们的“生产率”。这些远比空洞的企业口号更有意义，这些就是我们的工作根基。我们所做的每件事情，都要能向客户讲清楚其中的利害关系，而设计深深植根于这句承诺里。建立“信任”需要耗费多年的心血，但如果偏离我们的核心任务太远，信任便会毁于一旦。

创新大军

与联想中国实验室经历10年融合，我们现在推出了各类不同形式的ThinkPad，并且引入了OLED、手写笔等最新技术。包括ThinkPad在内，联想现如今发布了众多先进的笔记本、超极本型号，这部分在整个PC产业中仍保持着强劲的市场需求。中美日团队的“创新铁三角”发挥了效力，为未来的收获做好了准备。

我们的创新模式并不依靠某一单独个体。我们拥有一支研究团队，负责观察未来五年的新兴技术。我们还有研发部门，他们有着不同的职能，在三年内验证这些新技术如何走向成熟。同时，每个研发部门旗下还有创新团队，他们负责将新想法融入到实际产品中。这就像是接力赛，我们会将交接棒交给下一个队友。

我们的创新模式中各个环节的人，来自不同文化和国家，年龄不同，也有着多元化的世界观。当我谢幕之后，我们的模式也不会消亡。**我打造了一支创新大军，即便我去世后很久，他们依然**

会保持前进。事实上，我相信他们能掀起比我那时更了不起的创新浪潮。

ThinkPad创新理念

- 我们希望维持客户期望和需要的功能，与此同时对新鲜需求和新鲜技术做出响应。
- 我们一直将自己的设计视为理性之作，但随着现在情感与理性之间的分界线变得模糊不清，我们开始努力为ThinkPad 注入更多情感，但必须按照自己的方式来。
- 我们的创新模式并不依靠某一单独个体，我们拥有一支研究团队，负责注意未来五年的新兴技术。我们还有研发部门，他们有着不同的职能，他们投入三年时间验证这些新技术如何走向成熟。同时，每个研发部门旗下还有创新团队，他们负责将开发的新想法融入到实际产品中。我们的创新模式中各个环节的人，来自不同文化和国家，年龄不同，也有着多元化的世界观。

11

ThinkPad，让一切成为可能

How the ThinkPad Changed the World and Is Shaping the Future

纵观历史长河，从世界任何角落远程访问信息知识的想法都被当作“激进”的概念。互联网让这一切成为可能，但还需要 ThinkPad 的帮助。诚然，其他设备也做出了贡献。但 ThinkPad 超过 1 亿台销量的事实，意味着它在其中发挥了关键作用。

正如你所见，ThinkPad 改变了我们理解地球、恒星以及行星的方式。ThinkPad 鼓励每个人用新方式去探索。广义上说，ThinkPad 不仅改变了人们采集信息的方法，还包括存储、访问信息的方式。曾经，这些信息存放在图书馆或者中央资料库里，真理追寻者不得不朝圣般前往这些机构。是的，数以百万计的人使用厚重的纸质百科全书、词典和黄页。但这些参考书籍不可能涵盖所有人类知识，因为知识在不断扩张。

纵观历史长河，从世界任何角落远程访问这些信息的想法都被当作一种“激进”的观念。互联网让这一切成为可能，但还需要 ThinkPad 的帮助。21 世纪早期，ThinkPad 促进了文档、报告、PDF、技术设计、电子表格以及其他学科知识在网络端的大量分享。诚然，其他设备也做出了贡献。但 ThinkPad 超过 1 亿台销量的事实，意味着它在其中发挥了关键作用。同时在蓝牙技术的推广上，ThinkPad也起到了极其重要的作用，如今，这项技术已受到成千上万家公司的青睐。从整体上看，这些设备和网络构成的生态系统改变了人类认知的架构。

此外，ThinkPad还改变了人们做决定的方式。静下心来想想，过去的重大决定，往往是由一小群人面对面商谈后做出的，他们是决策制定的最高层。但由于互联网生态系统的出现，其中ThinkPad是重要组成元素，越来越多的人不必亲身参与到决策制定过程中。网络时代已然到来。在很多情况下，掌权者依靠他们的阶层将自己与下属或者组织外部的支持者隔离开来，但互联网生态系统提供了另一种选择。

网络力量改变了完成工作的方式以及工作地点。它改变了医生、护士以及医院存储病人数据、改善健康护理的方式。比如，病人数据被集中保存，每位医生的临床观察和所开处方，都可以通过ThinkPad分享给其他实习医生和护士，这有助于削减大量的重复笔记工作。ThinkPad还改变了警察局的管理方式，许多巡逻警车里配备了ThinkPad，可以查询超速车辆的信息。警察几秒内就能从当地车辆管理局查到司机的全部驾驶档案以及所有通缉信息。高度机械化的农场在播种和收割设备室配备ThinkPad，通过分析卫星图片，可以知道哪块田地应该施肥。建筑施工队通过ThinkPad联入供应商系统，可以追踪建筑材料运到了哪里，什么时间能够抵达目的地。

实际上，知识掌握在人们手中，可以带来好处，亦可造成破坏。我们知道，网络生态系统会被传播虚假新闻的人滥用，或者被有意黑进他人系统盗取信息的人利用。消极面是有，但积极面要大得多，我们与认知和决策制定的关系已经永久改变了，关键在于我们自己如何更好地使用新技术。

ThinkPad 改变教育

大学和学院是首批采用 ThinkPad 的教育机构。1991 年，哈佛商学院率先购买了 L40 SX，紧接着，1992 年又将 ThinkPad 带入了校园。但直到 21 世纪早期，大部分高校才赶上 ThinkPad 的流行潮流。三年时间里，学生们充分利用 ThinkPad，他们在线做调查，与其他学生共同处理合作项目，给教授发邮件讨论分数，等等。昔日需要排几个小时队的学校注册程序，也因转移到在线办公而得到巨大简化。

此外，ThinkPad 还逐渐改变了教授上课的方式，特别是在需要大量记忆的学科领域。比如，医学院不必再强迫学生记住解剖细节、化学方程式以及分子组成，因为通过 ThinkPad 或者其他类似设备，可以在线查阅这些信息。

当时的大学生现在已步入中年，他们也许不会被移动计算的新时代带来的影响力吸引了。ThinkPad“基本能满足你写各种不同案例”，哈佛大学的麦克法伦回忆说，“你能找到艺术作品的电子形式，也可以创建视频，学生们能组建小组制作 PPT。忽然间，纸张成了少见的事物。人们抱着 ThinkPad 而坐，分享信息，交换意见。”

“给予和获得”一直是哈佛案例研究方法论的组成部分，因此即便 ThinkPad 贡献了一臂之力，但它或许没有发挥推动变革的能力。“思维品质维持不变，但贯穿其中的媒介已经彻底改变了。”麦克法伦解释说。

在儿童早期成长阶段和人生形成阶段，ThinkPad 的影响更大。或许，ThinkPad 对高中的影响程度超过了大学，因为它深化了教师和学生的互动。某种程度上说，ThinkPad 改变了教育的本质。

以罗利市的 Cardinal Gibbons 中学为例，2012 年秋，西班牙语教师莱斯利·柯伊（Lesley Coe）受聘出任学校的技术主管。Cardinal Gibbons 是罗利市最大的天主教中学，拥有 1 485 名 9 到 12 年级的学生。学校为教师配备了 ThinkPad，同时为学生购置了其他台式机。

学校的目标是为每位教职工和学生配备一台个人设备。柯伊的工作是定夺采用哪款设备。“如果计划之初有人问我，‘你们会考虑笔记本电脑吗？’我会回答，‘不会’。”柯伊说，“我在学校待了很长时间，知道笔记本电脑会出现的所有问题。在管理和技术支持上，笔记本电脑是最麻烦的。”

柯伊通过一项精心设计的问卷评估学生们的需求。学校的目标是培养出大学生，因此培养学生的电脑技能对他们的发展来说至关重要。

柯伊研究了各类笔记本电脑。最初，她和她的上级主管否定了ThinkPad Yoga。“结构设计上有些不足，对中学生来说并不好。”她回忆说，“当你快速翻转Yoga时，键盘暴露在外，对我们来说这不理想。按键会脱落的，我们一天到晚就光换按键了。Yoga不能满足我们的需求。”

时间一点点过去，审议继续。恰巧有位学生的家长是路易斯·埃尔南德斯（Luis Hernandez），而他又是ThinkPad业务部门的副总裁兼总经理。“一天，路易斯带着一台ThinkPad Yoga走进我的办公室。”柯伊回忆道，“我们说不想要它，因为它的键盘不行。”

埃尔南德斯拿出了Yoga的新版本，问道：“你能先看看吗？”然后，他将设备从上向下翻成一个平板，折叠后的机身能够保护键盘，我们的工程师耗费了巨大心血才做到这点。

那是胜利的一天。“ThinkPad有帐篷模式，学生们能围坐在一起看屏幕，”柯伊说，“在平板模式下，我看到孩子们将音乐应用拖到屏幕上，然后用它弹琴。每个人都在用ThinkPad。我喜欢听到他们说，‘哇，我从没想到还能这样子’。”触屏功能非常先进，柯伊知道学生们倾向使用触控与电脑互动。

经过深入的研究，并与老师的专业发展相结合，学校于2014年秋季给新生和10年级学生配备了ThinkPad Yoga。接下来的两年中，学校每年都为入学新生提供ThinkPad。到第三个年头，所有学生都拥有ThinkPad Yoga，只不过版本稍有不同。

在课堂上使用电脑面临的一大挑战是，学生们可能会出现潜在的注意力不集中。不过老师很快了解到，要想让孩子们集中精神，就应该给出具体要求："好了，孩子们，将电脑合到45度。"这句话的意思是将ThinkPad Yoga上半部分调整到45度，这样电脑就不能再进行操作，但也不会关机。当老师希望孩子使用电脑时，只需说调整到90度位置即可。

除了上述这些问题，ThinkPad给教育的体验质量也带来了深刻影响。例如，在暴风雪天气，参加大学预修课程的学生们将要参加大学理事会组织的考试，他们可以通过ThinkPad Yoga使用谷歌的Hangouts服务在线上课。学生们能按照自己的进度去学习知识，他们甚至不用去课堂。

在更深层面上，ThinkPad提升了老师与小学生的互动，特别是英语这类书写占主要部分的社会学科。英语教师成了ThinkPad的铁杆粉丝。

在课堂上，教师只需发送一个链接，全班学生就能同时访问特定的文档。教师可以通过学生们书写和提交的结论，知道谁读完了且理解得最贴切。使用谷歌教育（Google for Education）的协作功能，学生个人或者学生小组可以在线撰写论文，同时教师可远程查看学生们的进度。此外，教师还可发送语音，表达自己的观点，或者着重强调需要特别注意的文章内容。教师可以使用在线聊天功能，与学生们单独或者组群实时沟通。不同的老师倾向不同的参与风格。

“所有人都认为科技让教师工作更便捷，但事实上，科技增加了工作难度，因为它要求工作更细致。”柯伊说，“教师与学生的互动质量不断提升。如果你为一摞 90 页的论文评分，并要手写评语，会受限于时间和精力。换成数字化，你能选择任何方式完成评分，并且能将互动记录下来。教师可以给出更有意义的回复。”

及时且有意义的回复“一直是教育面临的挑战”，柯伊补充说，“如果工作量浩大，以至回复延迟，教师与学生之间的联系就会损失部分。”

ThinkPad Yoga 的手写笔同样具有改变数学以及其他学科上课模式的潜力。第一年，手写笔出现了一些问题，比如当用户不使用电脑时，需要单独保存手写笔，但存放方式不恰当会造成设备丢失或损坏。因此，学校当年拒绝购买手写笔。不过第二年，ThinkPad Yoga 在机身内增加了手写笔存放位置。埃尔南德斯再一次展示了 ThinkPad

的改进，说服学校购入新设备。

手写笔“棒极了”，柯伊说，“有位老师需要整天解数学问题。我们买了亚马逊上销售的各款手写笔，试了所有东西。有一些用着还可以。但有一天，她来到我的办公室，我说，‘试试这款’。她用后表示，这款手写笔的质感就如同在纸张上写字一样真实。”

“最后一个积极贡献是让孩子们学会了如何管理电脑。”柯伊说。学校没有开设相关的正式课程，但学生们都在学习如何处理电脑出现的问题和故障。“我想如果他们毕业时不具备一些电脑知识，可能不好找工作。”她说，“学生们需要照顾自己的电脑。如果需要安装升级，他们必须重启电脑；如果电脑没有反应，还需要重启。”

学习如何管理电脑不仅让学生们的技术水平得到了提升，同样“有助于他们培养社交能力，走入社会需要这些能力。学生们要学会如果遇到了电脑问题，在寻求他人帮助之前自己需要怎样做。我们让他们做好准备，就是更好地为未来做足准备”。

“为未来做足准备”，正是教育的意义所在。

ThinkPad改变商业

很难量化ThinkPad对商业领域的影响，因为太多的技术和商业趋势同一时期涌现。但毋庸置疑，ThinkPad帮助了成千上万家公司实现了生产率和销售提升的目标。对于员工、股东和其他人员来说，这能转化为上百亿美元的财富。单纯从经济角度看，过去多年来，商业领域是 ThinkPad 发挥最大积累效应的地方。

第一家使用 ThinkPad 的著名公司是可口可乐，它们需要管理遍及全球的瓶装公司、分销商、零售门店。到现在，可口可乐仍是 ThinkPad 的重要客户。其他早期采购方是咨询和会计机构，它们需要派遣专家入驻客户公司。制药公司也是早期的 ThinkPad 客户，因为它们拥有强大的销售团队，以说服医院和医生购买它们的药品。现在，医药销售代表可以向医生实时展示药品的样子，并提供更全面的信息。美国默克制药公司（Merck）要求我们调整 ThinkPad 的调色板，以便让他们的一款药片更具视觉吸引力。这些销售代表们是第一批“空中飞人”。

迈克尔·斯普林（Michael Spring）是匹兹堡大学的信息科学与技术专业的教授，他称自己是个“极客”。1982 年，他买了第一台康柏的“手提行李”式电脑。在科技如何改变商业领域方面，斯普林是一名专家。他认为，企业在拥抱包括 ThinkPad 在内的信息技术方面有三个主要阶段。

他的理论始于他发现，印刷是传统财富 500 强公司的第二大业务。印刷业务在这些公司的地位仅次于它们的核心业务，因为它们将总收入的 6% 花在了印刷上，不管是内部备忘录、产品说明书、费用报表、新闻稿还是年度报告，都需要印刷。在大型公司内部，消耗大量纸张是一项传统。

20世纪80年代初，这些公司开始使用信息技术，但10年中它们的生产率实际上下降了。它们在新IT系统上投入资金，却没有抛弃基于纸张的系统。它们将收入的6%用在纸张上，4%投入到数字系统上，加起来有10%。“当你从纸张转型到数字上，10%的开支是没有效率的。”斯普林说。即便人们开始将数据保存在服务器中，但仍然保留着老式文件柜，因为他们对服务器的稳定性不抱信心，会同时使用两套平行的系统。

从20世纪90年代到2000年，ThinkPad和其他笔记本电脑进入到商业领域。这是一个突破，因为销售代表可以随身携带内容信息，并形象地展示给客户。但笔记本电脑无法实时与总部联网，因为当时没有无线网络。他们需要调制解调器才能上网，而且连接速度极慢。因此，医药销售代表能够告诉医生某类药品的价格以及作用疗效，但内容信息却并不一定是最新的。当销售代表合上笔记本电脑，离开办公室，出差拜访客户时，内容信息是准确无误的。但如果公司中途更新了数据，那么销售们的笔记本电脑中的信息就是陈旧的。整体生产率的提高仍然有限。

斯普林表示，直到2000年以后，移动计算在商业领域的全部潜力才开始显现。他认为同时出现了三大趋势：数据存储成本大幅下降，数据处理成本急剧缩小，网络带宽大幅增长。这就像是某种军备竞赛。正如斯普林所说的："每年都有人说，'我们的带宽比我们真正使用的快10倍。但芯片处理数据的速度也快了10倍，我们会努力将网络容量提升10倍以上'。"

与此同时，针对秘书、销售代表、会计等人员的培训开始赶上技术的复杂变革。人们开始研究如何充分利用手中的ThinkPad和其他设备的性能。

所有努力累积起来，公司开始极大地提升生产率。过时的基于纸张的系统被淘汰，远程办公人员可以带着与总部实时互联的ThinkPad和其他设备出行。"ThinkPad为无处不在的计算机体系架构打下了基础，会计或其他商务人士能实时访问数据。"斯普林说，"ThinkPad是走向未来的第一波大海啸。"

在内部经历这场剧变的是吉姆·斯蒂尔，他曾是IBM CEO约翰·埃克斯的年轻助手，在向老布什总统递送ThinkPad一事上尽了一份力。在他供职IBM的23年里，先后被派往纽约、旧金山以及东京等城市。

在电商公司Ariba短暂待了一段时间后，斯蒂尔于2002年加入Salesforce公司。Salesforce总部位于旧金山，为企业提供管理客户关系的网络工具。这家公司由马克·贝尼奥夫（Marc Benioff）创办，由于口无遮拦和煽动性的讲话风格，他在整个科技行业非常出名。

斯蒂尔入职后，要求公司为他配备一台ThinkPad，他以前也这样做。他几乎是在ThinkPad的陪伴下长大，而ThinkPad也是他用着最舒服的笔记本电脑。Salesforce按他的要求给他配了一台ThinkPad，因为他作为销售部门的负责人，将动身拜访大量的客户。

斯蒂尔上任第一周的某天，贝尼奥夫走进他的办公室问："你在这里做什么？"

"呃，"斯蒂尔有些慌张地回答道，"你聘用了我。"他觉得贝尼奥夫在开玩笑。

"是的，我知道我聘了你，所以你在这里做什么？"贝尼奥夫继续追问，"我在这儿没看到一个客户。"

斯蒂尔是一位很有建树的销售主管，他经历了20世纪90年代的"旅馆式办公"。当时，销售人员第一次认识到，要在出差的路上花费很多时间。不过他坦言，现在回想起来，21世纪初期鲜有理由在家办公。在贝尼奥夫的鼓励下，斯蒂尔意识到，可以带着办公室在外面工作。

斯蒂尔告诉贝尼奥夫，他不会常来公司办公。斯蒂尔带着ThinkPad和黑莓手机开始过上走遍全世界的生活。他积累了很多飞行里程，是美国联合航空公司的顶级旅客。

“21世纪初，我意识到办公室可以是虚拟的，”斯蒂尔解释说，“我能在酒店、机场工作，这改变了我谈生意的方式，与客户会面的时间翻了一番。我不需要为回办公室找理由。”

加盟Salesforce的头几年，斯蒂尔的足迹遍布全球，在酒店住了200个夜晚，并且最终这一数字达到了230个晚上。他的Twitter用户名是“空中飞人247”，其中，“247”表示一天24小时，一周7天。“我通过Salesforce的手机应用，与客户进行了成千上万次视频通话，并且把与客户的所有互动记录在ThinkPad上。”日后总部可以对记录进行分析，了解客户的其他信息和想法。

斯蒂尔每个月回一趟总部，向贝尼奥夫汇报工作，每个季度向整个管理层述职。汇报内容包括客户喜欢Salesforce的哪些产品，不喜欢哪些服务。他还将其他公司或国家兴起的竞争威胁进行汇报。他描述新机遇，指明Salesforce在哪些地方犯了错误，错失了机遇。

“这么多年来，我都是用ThinkPad写东西。这就是我与他人沟通的方式。我从没觉得，自己必须待在固定的办公室里。”

斯蒂尔创造财富了吗？他相信他做到了。Salesforce的年收入从他入职时的2 000万美元，历经12年半的增长，已达到50亿美元。这创造了许多工作岗位，同时为股东带来了巨大收益。“‘空中飞人’的状态与这份工作有着密切关系，”斯蒂尔说，“作为面向客户的销售主管，我需要外出，也必须外出，我得向客户演示如何使用 Salesforce。有时候我会在黑莓上使用 Salesforce 服务，但更多的时候通过 ThinkPad。久而久之，我为客户做了成千上万次演示。”

如果数千家公司都使用类似的方式，那么 ThinkPad 能创造多少财富呢？“一定会是上万亿美元，”斯蒂尔说，“你想想 ThinkPad 做到了什么，它带你挣脱了办公室的束缚。对于面对面拜访客户的职员来说，ThinkPad 是他们的武器，是战争基金。今天，如果没有笔记本电脑或者智能手机，作为销售人员是没办法生存下去的。你手头必须有正确的信息，这是非常宝贵的。你不可能说，‘等我一下，我要回办公室搜索一下信息’。实时的价值和响应能力大幅提升了销售人员的生产率，ThinkPad 就是这一切的起源。”

当然，ThinkPad 不只受到销售人员的青睐，它还是科研活动中的重要组成元素。科学家们将研究数据输入到电脑系统中，以便其他研究团队能看到他们的成果。比如，新泽西州新不伦瑞克市的研究机构百时美施贵宝（Bristol-Myers Squibb），旗下科学家们通过 ThinkPad 输入所有研究项目的数据，同时 ThinkPad 与中央数据库连接，人们能知道其他科学家已经做了哪些工作。这套系统名为“电子实验室笔记本”（Electronic Lab Notebook），目的是防止庞大公司内某位科学家重复其他人出现的错误，或者投入时间、财力试验其他科学家已经证实了的可行方案。绝大多数制药公司都使用这类系统来减少研究过程中的资源浪费，同时加速新药的研发速度。

如果将所有行业的影响加起来看，说 ThinkPad 改变了商业面貌一点儿也不为过。事实上，ThinkPad 和移动计算革命，几乎对人类活动的每个环节都产生了深刻影响，而这远不是最终结果。

ThinkPad 创新理念

- ThinkPad 为无处不在的计算机体系架构打下了基础，会计或其他商务人士能实时访问数据。ThinkPad 是走向未来的第一波大海啸。

结 语

移动计算的未来

How the ThinkPad
Changed the World
and Is Shaping
the Future

搜寻全世界能融入到计算机中的最新技术，让我能够窥见未来的一丝曙光。因此，我知道在我退休后，技术变革的步伐仍会向前，甚至加速前进。新一代创新派成长在互联网时代，已将互联网融入骨髓，他们会提出我们无法想象的创意。

我快要退休了，在漫长的职业生涯中，我见证了科技领域令人难以置信的快速发展，这也许是人类历史上最迅猛的阶段。今天的人们大都认为，使用配有彩色显示屏的手机或者笔记本电脑，通过无线网络接入全世界以及自己的私人内容和通讯录，是再理所当然不过的事情。要实现这些，就需要缩小电池体积、提升屏幕分辨率、提高运算速度，以及打造嵌入式天线来连接无线网络，而每前进一步，都要经历多年的硬仗。所有这些努力，都为谷歌、Facebook 以及亚马逊等公司当前无缝服务的亮相搭好了舞台。

搜寻全世界能融入到计算机中的最新技术，是我目前的工作，也是我毕生的追求，这让我能够窥见未来的一丝曙光。因此，我知道在我退休后，技术变革的步伐仍会向前，甚至加速前进。与老一辈不同，新一代创新派成长在互联网时代，而我们这些接触到互联网诞生的人已经人近中年。可以预计，已将互联网融入骨髓的年轻一辈，会提出我们无法想象的创意。

我想我还是有些信心，能够说说未来 5 年内出现的事物，但未来 20 年出现的事物就交给我年轻的同事们了。

设 备

我认为在可预见的未来，大部分专业人士会携带两款设备。我并不认为所有功能可以融合到一款设备上，至少短时间内不会。大部分人需要一款配有全键盘的设备，来编写和管理文档或电子表格。同时，还需要一部手机或者等同设备来打电话、聊天、分享照片、听音乐、发邮件和短信等。这些设备绝大多数侧重于消费信息，而非制造信息。严谨的专业人士将会看到这类设备的不足。

过去多年来，我艰难地了解到一件事，就是在一项技术成熟之前或者人们未做好准备之前，不能引入这项技术。早些时候我曾提到，2001 年我们推出了一款可以在便签簿上书写的手写笔，通过数字转化器捕捉笔画，将书写内容转存到计算机存储卡中。这台设备名为 TransNote，但它短暂面世后便惨淡收场。TransNote 的用户体验欠佳，而且人们并未做好准备。

同样，我认为市场尚未做好准备来迎接手表或眼镜等可穿戴设备作为连接世界的基点。它们看上去很炫酷，早期使用者会为之痴迷，但这类设备还不能为用户传递足够的价值。拿智能手表来说，它是工程师们多年来追寻的夙愿，是一款集运算、存储、微型电池以及出色显示屏于一身的灵巧设备。市面上已有多款智能手表，我很愿意入手一块。

所有智能手表都面临同一个关键障碍：如果口袋或者钱包里的设备能提供所需的全部信息和通信功能，人们为何要放弃一块饱含情感价值的祖传之表，转而佩戴一款智能手表？在消费者愿意购买并将心爱的传统手表扔进抽屉前，智能手表必须在价值和使用属性上实现重大突破，方能打动千百万消费者的芳心。

现有智能眼镜面临的问题是屏幕的尺寸。用户只能看到影像的部分内容，而且它不支持打字输入，这意味着智能眼镜无法实现完整的通信功能，至少目前不能。

至于笔记本电脑和超极本，它们会继续变得更薄、更轻，但键盘和显示屏仍需保持合理尺寸。对于未来 5 年，我的口号是：“带小的，用大的。”

多项新技术正走入市场，其中崭露头角的一项便是投影仪，用户可以使用它在白墙或者白幕上显示电脑中的文档或文件。这类投影仪未来会内嵌在笔记本电脑和超极本的背面边框，位置在C面和D面之间。这表明以后或许能打造无屏笔记本电脑，也就不需要A面和B面了。

然而，在这成为现实前，我们需要探寻新方法，让投影图像更明亮、更饱合，同时降低投影仪的能耗。

未来5年，一种扁平、柔性的塑料产品可能问市。人们可以将它团成团放进口袋中，拿出来只需舒展开就可化身键盘。我们当前正努力研究这类键盘，为用户提供真实键盘的手感。手指打字的触感非常重要，我们或许可以让这种塑料向手指发送微电子信号，再创真实ThinkPad键盘的质感。

与此同时，屏幕质量会继续提升。正如我之前提到的，我们在ThinkPad X1 Yoga上使用了OLED技术，人们惊叹于它的屏幕清晰度。OLED屏较传统LCD屏更轻薄，这意味着我们能继续减小屏幕厚度，进而降低设备的整体重量。同时OLED屏可以制成曲面屏幕，这为打造全新外形的电脑产品提供了无限可能。

连接性和云服务

不管你相信与否，不久前我还不确定我们能够享受到近乎全球性的连接服务。过去15年左右的时间里，无线网络技术一直在不断进化，我一度认为这只会局限在某些国家的某些区域，只有一些特定用户才能使用到。比如，人们不可能在隧道或者偏远山村联上网络。

但事实证明我错了，无线网络带来了巨大影响。这意味着我们可以享受近乎全球性的连接。如果你的设备始终联入网络，那么云计算就可为你提供更强大的计算能力，为私人数据提供更安全的保护。对于近些年生活在“另一星球”的人们来说，云计算是无线联入网络的手段，连入由亚马逊 Web Services、微软、谷歌以及 IBM 运营的大型服务器中心。这些云服务功能已出现在很多个人设备上，人们可以在云中备份照片、音乐、视频或文档。

目前，部分人士认为，云只能提供备份服务，但如果云服务得以优化，而我们又非常信任这种服务，愿意将自己的所有数据都放在云中呢？对于软件来说亦是如此。如果我们能无线使用云端运行的软件或者应用，还会需要设备来提供这些功能吗？

言外之意是，设备需要很棒的屏幕、优异的键盘以及极高的易用性，但它不必存储尽可能多的数据或软件。这打开了无限可能性之门，其中一项便是用户可以从多台设备上访问自己的数据。一旦将信息传到云端，便会被同步，无论用户选择何种设备，都可以进行查看。如果在一台设备上对数据进行处理，当从其他设备查看时，数据会自动变更为最后一次保存状态。如果在一台电脑上更改书签，在另一台设备上会得到相同结果。

另一项意义是物联网将成为现实。所有设备，不管是空调或是家用电器、监控，会更智能而且联入网络。通过语音控制这类设备会比电脑控制更便捷，因为语音指令的范围更小。早上醒来，你只需说“拉开窗帘”，就可控制窗帘的开启。

郑重警告：设备、网络以及云服务的安全性尤为重要。在使用云前，你需要信任这项服务。云技术已然入市，问题在于人们要对它建立信心。另一个问题是，许多物联网设备已登陆市场，但每台都需要连入供应商的云网络。人们如何知道应该信任哪家供应商，而哪些又不值得信任？如何记住所有密码？最终目标是应该设立单一密码，能连接所有设备。一旦你拥有联想ID或者微软ID，你的身份便随之确立，可无缝地从一台设备换至另一台。

界　面

语音识别正日渐成熟，部分原因在于云端提供的强大计算能力。我看到苹果的Siri、微软的Cortana以及亚马逊的Alexa有了巨大提升。我认为它们会成为用户使用电脑的重要手段。语音控制作为设备操作主界面仍面临诸多挑战，原因在于语言的纯粹复杂性。但我对此持乐观态度。

因为直观性，触控仍是重要的用户界面角色。我预计，今天的许多孩童会在只通过触摸就能操控众多功能的条件下成长。这可能是与代共存的现象：老年人继续使用键盘配合效率性设备，但随着时间的推移，触控会成为年轻人的主界面。

我们正在试验的另一种与设备交互的方法是手势。人体是个大型电容器，当你触碰屏幕某一点时，电容会发生变化，设备能探测到触碰。但如果我们提高屏幕的灵敏度，这点并不难，它能在手指距离几寸远时就感应出来。事实上，近距离感应能通过扩展触控传感器来实现。

问题在于，如果用户的手势稍有不同，设备便会产生疑惑，或者会将随意的手部动作解读为手势命令。我们目前仍在研究这项技术。问题不在于它能否实现，而在于我们能否提供优异的用户体验。其中一个潜在方案是采用笔记本电脑或者其他设备的内置摄像头，捕捉手指的不同姿势。这能让设备捕捉到更多准确信息，了解用户到底在做什么手势。这种方法需要计算机拥有更强大的运算能力，不过这并非不可逾越的障碍。

另一个与电脑屏幕相关的交互方式为目光。两到三年内，电脑能够识别用户的眼球。你只要盯住屏幕上的图标一段时间，电脑就会断定你想要点击图标，随后自动打开这个应用。如果你只是在浏览，眼球没有停在某一点上，那么电脑便不会做出反应。这种输入手段仍面临诸多难关，但都能被攻克。这项技术对于身体瘫痪的人来说极其有用。

传感器和摄像头

传感器和摄像头领域绝对会迎来井喷式发展。传感器正向着智能化、快速化、小型化发展，同时各类传感器如雨后春笋般涌现。许多智能手机配备了指南针，能够感应东南西北。当你将手机举过头顶或者躺下身来，传感器也能知道对应的角度。当然，传感器还能通过GPS提供定位服务。这些功能也将出现在笔记本电脑和超极本上。

此外，新型笔记本电脑上搭载的传感器可以探测附近的网络并做出反应。这是一种重要的安全属性。笔记本电脑可以告诉你是在家庭网络环境还是机场、火车站。当笔记本电脑感应到公众场所中的未知程序或未知网络试图与其建立通信时，便会停止运行。与此同时，笔记本电脑还能感应到自己是否在移动，这能让它侦测所遇到的网络的性质。

摄像头也有巨大飞跃，不久以后它们将能够捕捉3D图像，而不仅仅只局限于2D。要拍摄物体或人的完整3D照片，你只需绕着拍摄对象转一圈，摄像头便会从各个角度捕捉，进而生成3D图像。

人工智能

IBM的“沃森”（Watson）和“深蓝”（Deep Blue），谷歌的“深度思维”（DeepMind），不管是哪种形式的人工智能，都十分强大。

但它们能满足消费者的真正需求吗？普通用户不需要赢得《危险边缘》(*Jeopardy*！)电视问答大赛[①]，也不会想要击败国际象棋冠军加里·卡斯帕罗夫(Garry Kasparov)[②]，或者将世界围棋冠军李世石[③]挑落马下。他们不需要自己的个人设备拥有这些能力。

我认为可行的方法是人工智能存于云端或各类本地网络，又或是只应用在设备的有限范围内。在生态系统中，功能也会因需求而有所不同。人工智能速度较当前会更快更具定制化，以此来满足个体用户的需求和要求。人工智能包括语音识别、语言和语义分析、计算机视觉以及类似先进功能。这些功能会知道用户的偏好，为用户提供推荐。就如购物平台亚马逊的算法早已"洞悉"你曾经买了哪些产品，或者自然地将其他物品与你购物车中的物品进行匹配。你使用越多，这些系统就越能得以改进。

移动 PC 同样会受益于蜂窝移动网络由 4G 升级到 5G。5G 能提供更优质、更自然的语音通信能力。我认为移动 PC 会成为集合各类人工智能的强大设备，因为这类设备拥有更大体积，较移动电话更有做文章的空间。这就是为何我主张移动 PC 会成为个人用户使用不同种类人工智能的主导性工具，这对用户来说意义巨大。

---

① 美国哥伦比亚广播公司的一档电视益智问答游戏节目。2011 年 2 月 14 日，IBM 的"沃森""登上"这档节目，参加问答挑战。——译者注

② 国际象棋世界冠军，1997 年败给 IBM 的"深蓝"。——译者注

③ 世界围棋冠军，2016 年，与谷歌人工智能 AlphaGo 对阵，最终以 1 : 4 落败。——译者注

对我来说，这是最终指导原则。**一切都要基于用户的需求和要求出发，我们称其为“以客户为中心设计”。技术必须要符合人类意志。人们也需要信任技术，与其共事。**我们可不想像电影《2001：太空漫游》（*2001：A Space Odyssey*）中的电脑哈尔[①]，成为疯狂失控电脑的标杆。

我认为人类问题显然需要解决，即我们日常生活中都经历的闹心事，这能在5年内得以解决。随着传感器、摄像头等其他物联网设备的改进，以及网络速度的提升，人们会扩大摄像头和其他设备的使用范围，包括大人不在家时保证孩子的人身安全，或者避免家中被犯罪分子光顾。市场上已有数款产品在售，但它们太烦琐，难以令普通用户掌握。这些产品需要改进，以便让用户用起来得心应手。

另一个难题是：当你不在家时，联邦快递或UPS去你家送快递怎么办？人们能在网上购买一切物品，但送货方式仍停留在20世纪——货车开来，快递员按门铃，无人在家，快递员留张字条告诉你联系送货点或者去邮局自提。

如果我有手机或者其他移动设备，就能解决这一问题。我可以通过微型摄像头看到快递员已到门口，屋门口有个接收小窗口，能容纳大部分包裹。我可以远程开启接收窗口，让快递员投送。

① 哈尔是电影《2001：太空漫游》中的人工智能电脑，控制着“发现一号”太空船。由于担心人类关闭自己，哈尔设计杀死了“发现一号”中的数名宇航员。——译者注

从我的个人经历来说，我了解所有服务都存在问题。我妻子曾想装个摄像头，以便我们不在家时查看狗狗的情况。她希望能看到狗狗，而且对它说话。

我买了配套设备，但在安装时有些迟疑。我意识到，我家里的内部情况很可能会出现在外部网络上，这让我很不放心。我担心其他有本事的人，甚至是心存善意的人，是否会采取行动，影响我家。如果你住在单元楼房，比邻其他单元，你不会希望自己不在家时空调对其他住户做出响应。当你回家时，发现家里要么特别热，要么极其凉。

我这样解决查看狗狗的难题：我将系统连入网络，并且让它顺利运行，我妻子就可以在我们离家时查看狗狗并同它讲话。只不过我们回家后，会将系统完全关闭，我不想我们的影像声音传到我尚未完全信任的网络上。

因此，所有这些远程功能，包括接收快递、观察儿童和宠物、控制家电等，还没有做好充分准备。但不久后便可，我们只需要留心如何使用它们。

科技的未来

近些年，我的主要任务之一是为联想 PC 实验室发现、招募并培养新一代伟大的工程师和创新人才。正如我此前所言，我相信制度文化和领导力，过去数十年我们从中获益良多。

我们不知道创新是会按直线投射发展，还是会经历某些破坏性的形式。破坏性会发生，例如，如果我们知道如何将针插入人类大脑的正确位置，同时这些针包含计算机电路或者联入远程计算机，那么就能强化我们的大脑与外界的交流。

如果这行不通，也许可以将计算机设备植入身体其他部位，帮助瘫痪的手臂或大腿恢复正常机能。2016 年 4 月有篇新闻报道让我着实兴奋了一把。报道称，一名美国男子因潜水事故而四肢瘫痪，医生在他的大脑内植入了一款微型设备，5 年后他的手臂可以动了。他能通过大脑的信号控制手臂移动。我不是人体学方面的专家，但我知道医生会使用探针刺入病人大脑，在控制帕金森病的区域释放小量电流。这种脑深部电刺激手术的效果非常好。

冢本恭通（Yasumichi Tsukamoto）是我一直栽培的年轻工程师之一。即便对日本民众来说，也很难读准他姓氏中的“冢”字，所以我们平时就简单地叫他“本”。他是 ThinkPad 的狂热粉丝，甚至衣服鞋子也是黑色加红色。冢本负责建立一支跨学科、跨领域的团队，致力将不同的技术融合在 ThinkPad 上。

冢本以我做不到的方式幻想世界。他眼中的世界，电脑屏幕无处不在。由于成本大幅下降，办公室、家中以及公共场所都会有各种尺寸的显示屏。

在这样的世界里，所有电脑屏幕都通过网络互联。我们只需使用指纹、视网膜、虹膜识别或者面部识别技术就能向任意一台电脑确定身份。我们不再需要密码，但仍有很高的安全性。

由于我们的信息都集中在云端保存，冢本认为随时随地访问网络和个人的内容是可行的，不管是文档、音乐、视频、照片还是其他内容。因此，我们不必携带任何设备，更别说两台了。

冢本对亚马逊的智能音箱 Echo 产品兴趣浓厚。Echo 非常简单易用，用户可以通过亚马逊的 Alexa 应用与它对话。当然，这些设备要与网络连接，但用户不需要启动设备或者输入信用卡信息，就能以非常简单的方式，预订食品、个人洗漱用品或者其他任何商品，亚马逊随后送货上门。“这项技术是以用户为中心，用起来非常简单，但后台系统却极其复杂。”冢本说。系统架构和网络让他神魂颠倒。在他那个年纪时，我考虑的是机器，而他想的却是网络。

冢本有一个宏伟的梦想。“我想做的是打造一款全新类别的产品和服务，”他说，**“我还想改变人们的生活方式，不管他们在家还是身处办公室。我希望能帮助他们提升工作效率，同时让生活更便捷。对于 ThinkPad 而言，我的梦想是打造全新的品类和全新的用户体验。”** 无论何时听到他和其他工程师畅谈这样的雄心壮志，我都感到无比开心。

如何应对新技术

对我和很多人来说有一点是显而易见的，即科技一直保持高速前进，也将继续维持这样的势头。科技的发展远远超出了政府、教育以及文化机构了解这些发展的能力，很少有人能对此做出回应。想想这些你就会明白了：公用电话和公用电话亭多快就从人们眼前消失了，人们不再使用纸质地图，也不再将沉重的百科全书摆上书架。没人再去百事达（Blockbuster）租借DVD，也没有多少人通过旅行社出游，因为在线预订行程已非常简单方便。新闻媒体、图书出版以及音乐产业已经被彻底颠覆，如果Uber和Airbnb继续迈向成功，出租车和酒店业将步上几个行业的后尘。

这种观点并不科学，但在我看来，技术快速变革的前期，比如西方爆发工业革命或者丝绸工艺流入日本，社会和政府有充足的时间做好调整以拥抱新技术。对我而言，我们现在经受的变革似乎更具颠覆性。

有时候我会被问道，身为科技创造者是否有道德义务去解决新技术爆炸带来的影响。安全和隐私便是两大最受瞩目的问题。

我回应说，工程师们不能控制人们如何使用我们的发明创造。无人机就是个典型的例子。人们现在能让无人机在空中飞行很长时间，巡航半径也达到了更远的距离。无人机有很多用途，亚马逊正考虑使用它投送包裹。新闻机构和政府部门能通过无人机的摄像头观测洪水和其他自然灾害。但同时，无人机也能携带间谍摄像头，甚至是武器。

政府花了很长时间来明确，谁应该担负起制定无人机使用规则的责任。有些人认为，学校区域应该禁止无人机飞行，因为它们会对孩子们造成伤害。机场周围也应设立禁飞区，理由不言而喻。但恰当的立法决定仍需要时间去研究，政策总是滞后于技术。

自动驾驶汽车是技术走在政府监管或立法前的另一个案例。如果一辆自动驾驶汽车造成了交通事故，谁来承担责任？这需要辩论，需要明确的回应。

反观3D打印，这是全新的生产方式，但同时它具有被错误使用的潜力。有媒体曾报道，人们在互联网上找到了塑料手枪的规格参数，并且能在家中用3D打印机制造枪支。社会和政府必须找到方法应对这种危险。

作为技术专家，我的责任正如反复强调的那样，是创造满足人们需求的技术，致力于帮助人们改善生活，让此前不可能的事物成真。我的工作是改变设备的工作方式，让它们更具人性化界面。人们需要控制自己的所有设备，这些设备应该是集成的、智能的。你了解自己的风格，设备会按照你期望的方式回应你的指令，它们应该凭直觉而运转。参与度应该有自然而然的感觉。直到现在，人们仍需要学习如何使用设备的界面，以便能与机器沟通。未来会轮到机器来了解人类界面，这从20世纪60年代以来便是个梦想，但科技会让它成为现实。

不过人们在使用这些新工具时，必须教育自己在认识到机遇的同时也要意识到危险。比如，我用Facebook，它非常方便。我的原则是，我会上传自己的照片，但不会上传其他人的照片。我也不会上传任何建筑或者外景照片，当我出门在外，如果照片会透露我身处何地，我不会上传自己的照片。我不知道这些照片会透露些什么信息，但我不希望包括我自己在内的任何人的隐私被侵犯。

人们认为有必要有选择地使用Facebook或者其他新功能。当Facebook首次登上舞台，呈现爆炸式增长时，我们接受了所有好友添加请求，甚至是陌生人的请求也不例外。

随着时间的推移，用户已经学会了如何保护自己的隐私。如果他们正确调整设置，就不会透露个人信息。根据是否想让其他人知道自己的地点，用户可以开启或者关闭位置服务，同时也能对关注用户做出限制。

所有电脑的使用中，安全软件必不可少。如果用户使用电脑时没有确保自己得到了强有力的保护，那么黑客入侵电脑系统的过错谁来承担？用户应该知道，机遇与挑战并存，他们有责任了解手中科技的力量。

政府、意见领袖、教育人士都必须参与讨论如何应对新技术，引导技术实现切实的人类目标，因为这项革命任重而道远。

精神的传承

6 年前，我患了肺癌，经过痛苦的手术后，肿瘤被彻底清除，我也因此有了充足时间思考生死。我忽然想起我的父亲，他是一个普通人，一点儿也不出名。但在潜移默化中（至少我很多年没有意识到），他教会了我如何思考，如何解决面对的问题。他帮助我明确了情感中心，塑造了我的品行。所以，即便他早已驾鹤西去，但他仍然活在我的心里。

我的所有期望是将自己的知识、品行传给我的孩子以及年轻工程师们，并且希望在生命结束前能做到这一点。**我不在乎人们是否会记住我的名字，也不在乎他们是否知道我对他们的思考进程做出过贡献。如果我一生成就的精神能够传给下一代，传给我的创新大军，那么我依然长存于世。**

ThinkPad创新理念

○ 作为技术专家，我的责任是创造满足人们需求的技术，致力于帮助人们改善生活，让此前不可能的事物成真。我的工作是改变设备的工作方式，让它们更具有人性化界面。

译者后记

How The ThinkPad Changed The World And Is Shaping The Future

联想收购 IBM 的 PC 事业部那年，我正在读高二。当时报纸、电视铺天盖地地报道这条爆炸性消息，也就是在那时，我第一次听到、看到 ThinkPad。动人的黑色加小红点，让我一下子就喜欢上了它。可能是先入为主的原因，对我来说，ThinkPad 就是笔记本电脑，笔记本电脑就是 ThinkPad。那一年我买了人生第一台笔记本电脑，型号是 ThinkPad T41。现在回想起来，这台 T41 只被用来打游戏、看电影了，真是太浪费了。

从走出大学到走入工作岗位，我的笔记本电脑换了一台又一台，从联想到惠普，从戴尔再到 MacBook Air。直到再一次拿起 ThinkPad 码字时，才发现键盘是那么顺手、那么舒服。翻译这本书才知道，原来 ThinkPad 在键盘上下了那么大的功夫。

ThinkPad 一直引领着 PC 行业，即便从 IBM 过渡到联想，它的品质也只增不减。这其中离不开 ThinkPad 之父内藤在正的努力，离不开 Think-

Pad团队的付出。随着技术不断发展，移动设备、自动驾驶、人工智能会迎来井喷，作为科技领域的先驱，内藤在正也在本书中分享了他对行业的独到见解。

能翻译这本书，首先要感谢湛庐文化吴悦琳编辑的信任和包容，感谢西安电子科技大学郎曼教授和朱琳菲教授的鼓励及支持，感谢叶秀芬医生的照顾，感谢任擎东、王艳晴、李宏远以及王莹老师的热心帮助。最后，限于译者水平，书中疏误之处在所难免，祈望多方指教。

未来，属于终身学习者

我这辈子遇到的聪明人（来自各行各业的聪明人）没有不每天阅读的——没有，一个都没有。巴菲特读书之多，我读书之多，可能会让你感到吃惊。孩子们都笑话我。他们觉得我是一本长了两条腿的书。

——查理·芒格

互联网改变了信息连接的方式；指数型技术在迅速颠覆着现有的商业世界；人工智能已经开始抢占人类的工作岗位……

未来，到底需要什么样的人才？

改变命运唯一的策略是你要变成终身学习者。未来世界将不再需要单一的技能型人才，而是需要具备完善的知识结构、极强逻辑思考力和高感知力的复合型人才。优秀的人往往通过阅读建立足够强大的抽象思维能力，获得异于众人的思考和整合能力。未来，将属于终身学习者！而阅读必定和终身学习形影不离。

很多人读书，追求的是干货，寻求的是立刻行之有效的解决方案。其实这是一种留在舒适区的阅读方法。在这个充满不确定性的年代，答案不会简单地出现在书里，因为生活根本就没有标准确切的答案，你也不能期望过去的经验能解决未来的问题。

湛庐阅读APP：与最聪明的人共同进化

有人常常把成本支出的焦点放在书价上，把读完一本书当做阅读的终结。其实不然。

时间是读者付出的最大阅读成本

怎么读是读者面临的最大阅读障碍

“读书破万卷”不仅仅在“万”，更重要的是在“破”！

现在，我们构建了全新的“湛庐阅读”APP。它将成为你“破万卷”的新居所。在这里：

- 不用考虑读什么，你可以便捷找到纸书、有声书和各种声音产品；
- 你可以学会怎么读，你将发现集泛读、通读、精读于一体的阅读解决方案；
- 你会与作者、译者、专家、推荐人和阅读教练相遇，他们是优质思想的发源地；
- 你会与优秀的读者和终身学习者为伍，他们对阅读和学习有着持久的热情和源源不绝的内驱力。

从单一到复合，从知道到精通，从理解到创造，湛庐希望建立一个“与最聪明的人共同进化”的社区，成为人类先进思想交汇的聚集地，共同迎接未来。

与此同时，我们希望能够重新定义你的学习场景，让你随时随地收获有内容、有价值的思想，通过阅读实现终身学习。这是我们的使命和价值。

使用APP扫一扫功能，
遇见书里书外更大的世界！

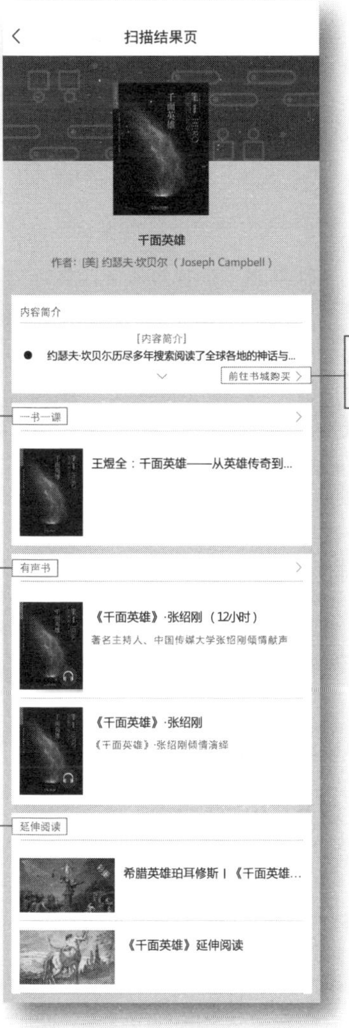

扫描结果页

千面英雄

作者：[美] 约瑟夫·坎贝尔（Joseph Campbell）

内容简介

[内容简介]

● 约瑟夫·坎贝尔历尽多年搜索阅读了全球各地的神话与...

前往书城购买 >

快速了解本书内容，
湛庐千册图书一键购买！

一书一课

王煜全：千面英雄——从英雄传奇到...

大咖优质课、
献声朗读全本一键了解，
为你读书、讲书、拆书！

有声书

《千面英雄》·张绍刚（12小时）

著名主持人、中国传媒大学张绍刚倾情献声

《千面英雄》·张绍刚

《千面英雄》·张绍刚倾情演绎

延伸阅读

希腊英雄珀耳修斯丨《千面英雄...

《千面英雄》延伸阅读

你想知道的彩蛋
和本书更多知识、资讯，
尽在延伸阅读！

延伸阅读

《三位一体：英特尔传奇》

◎一部跌宕起伏的英特尔传奇，一部由梦想引领的硅谷创新史。传承硅谷不朽的创业精神，拥抱“互联网 +”时代。

◎英特尔公司全球副总裁兼中国区总裁杨旭专文推荐。英特尔中国研究院院长吴甘沙全程倾情导读。英特尔（中国）有限公司运营商事业部业务发展经理黄亚昌担纲翻译。

《鞋狗》

◎如果你正在寻找未来，看了菲尔·奈特的故事，你会知道你要如何才能打开自己面前的命运之门；

◎英文原版长期位居《纽约时报》畅销书榜单，勒布朗詹姆斯、老虎伍兹等各界运动员倾力推荐，美国各大电视台主流节目纷纷报道；

◎国内商界牛人、传媒大佬、学界领袖、体育明星……各界人士倾力推荐！

《造梦者》

◎迪士尼创始人华特·迪士尼“最得意的员工”，见证了全球 11 座迪士尼主题公园诞生的“迪士尼传奇”，迪士尼幻想工程创意总监马蒂·斯克拉力作。

◎讲述迪士尼主题公园及度假区背后前所未闻的幕后故事。

◎美国科幻小说大师雷·布雷德伯里、奥斯卡金像奖最佳原创歌曲奖获得者理查德·舍曼倾情作序。

《毫无保留：一句承诺成就万豪传奇》

◎万豪国际集团掌门人亲授企业卓越之道，一窥万豪传奇成就之路！

◎“姚明爱心基金”创始人、全球 50 位最杰出的领袖人物之一、NBA 传奇球星姚明，美国前总统乔治·H. W. 布什、比尔·克林顿，美国运通公司董事会主席兼 CEO 肯尼斯·钱纳特，百事可乐公司董事会主席兼 CEO 因德拉·努伊联袂推荐！

图书在版编目（CIP）数据

ThinkPad之道：无可替代的思考/（日）内藤在正，（美）威廉·霍尔斯坦著；武上晖译. —成都：四川人民出版社，2017.11
ISBN 978-7-220-10437-4

Ⅰ. ①T… Ⅱ. ①内… ②威… ③武… Ⅲ. ①企业管理 Ⅳ. ①F272

中国版本图书馆CIP数据核字（2017）第248628号
著作权合同登记号
图字：21-2017-601

上架指导：创新 / 企业管理

THINKPAD ZHI DAO: WUKE TIDAI DE SIKAO
ThinkPad之道：无可替代的思考
［日］内藤在正　［美］威廉·霍尔斯坦 著　武上晖 译

责任编辑：杨　立　陈　欣
版式设计：湛庐文化 Cheers Publishing　沈丽君
封面设计：门乃婷工作室 Tel:010-64822426
责任校对：韩　华
责任印制：李　剑

四川人民出版社出版
（成都市槐树街 2 号　610031）
河北鹏润印刷有限公司印刷　新华书店经销
字数 163 千字　880 毫米 ×1230 毫米　1/32　8.125 印张　8 插页
2017 年 11 月第 1 版　2017 年 11 月第 1 次印刷
ISBN 978-7-220-10437-4
定价：69.90 元